ENGLISH – PORTUGUESE

WORD FOR WORD DICTIONARY

BY WEST HARTFORD PUBLISHING

a bit	adv	Pouco
a great deal	adv	ótimo negócio
a little	adv	Pouco
a lot	adv	Muito de
abandon	verb	abandonar
abbey	noun	a abadia
ability	noun	a capacidade
able	adj	capaz
abolish	verb	abolir
abolition	noun	a abolição
abortion	noun	o aborto
about	adv	sobre
above	adj	superior
above	adv	sobre
abroad	adv	no exterior
abruptly	adv	afiado
absence	noun	a falta
absent	adj	ausência de
absolute	adj	absoluto
absolutely	adv	absolutamente
absorb	verb	absorver
abstract	adj	resumo
abuse	noun	o abuso
abuse	verb	abusar
ac	noun	o AC
academic	adj	acadêmico
academy	noun	a Academia
accelerate	verb	acelerar
accent	noun	o sotaque
accept	verb	aceitar
acceptable	adj	aceitável
acceptance	noun	a aceitação
accepted	adj	adotado
access	noun	o acesso
access	verb	acessar
accessible	adj	acessível
accident	noun	o acidente

accommodate	verb	acomodar
accommodation	noun	a acomodação
accompany	verb	acompanhar
accord	verb	concordar
accordingly	adv	respectivamente
account	noun	a conta
account	verb	dar conta
accountability	noun	a prestação de contas
accountant	noun	o contador
accounting	noun	a conta
accumulate	verb	acumular
accuracy	noun	a precisão
accurate	adj	preciso
accurately	adv	com certeza
accusation	noun	a acusação
accuse	verb	acusar
accused	adj	acusado
ace	noun	o ás
achieve	verb	alcançar
achievement	noun	a conquista
acid	noun	o ácido
acknowledge	verb	reconhecer
acquire	verb	adquirir
acquisition	noun	A aquisição
acre	noun	o acre
across	adv	através
act	noun	o ato
act	verb	agir
action	noun	a acção
activate	verb	ativar
active	adj	ativo
actively	adv	ativamente
activist	noun	o ativista
activity	noun	a atividade
actor	noun	o ator
actress	noun	a atriz

actual	adj	real
actually	adv	na realidade
acute	adj	agudo
ad	noun	o anúncio
adapt	verb	para adaptar
adaptation	noun	a adaptação
add	verb	adicionar
added	adj	adicionado
addition	noun	a adição
additional	adj	adicional
address	noun	o endereço
address	verb	endereçar
adequate	adj	adequado
adequately	adv	adequadamente
adjacent	adj	adjacente
adjective	noun	o adjetivo
adjust	verb	ajustar
adjustment	noun	O ajuste
administer	verb	Administrar
administration	noun	a administração
administrative	adj	administrativo
administrator	noun	o administrador
admire	verb	admirar
admission	noun	a admissão
admit	verb	Admitir
adopt	verb	adotar
adoption	noun	a adoção
adult	noun	o adulto
advance	noun	o avanço
advance	verb	avançar
advanced	adj	avançado
advantage	noun	a vantagem
adventure	noun	a aventura
adverse	adj	desfavoraveis
advertise	verb	advertir
advertisement	noun	A propaganda
advertising	noun	a publicidade

advice	noun	o Conselho
advise	verb	Para aconselhar
adviser	noun	o conselheiro
advisory	adj	consultivo
advocate	verb	advogar
aesthetic	adj	estético
affair	noun	o caso
affect	verb	afetar
affection	noun	o carinho
afford	verb	pagar
afraid	adj	medroso
african	adj	africano
afternoon	noun	a tarde
afterwards	adv	mais tarde
again	adv	novamente
age	noun	a idade
age	verb	envelhecer
agency	noun	a agência
agenda	noun	a agenda
agent	noun	o agente
aggregate	adj	cumulativo
aggression	noun	a agressão
aggressive	adj	agressivo
ago	adv	atrás
agony	noun	a agonia
agree	verb	concordar
agreed	adj	acordado
agreement	noun	o acordo
agricultural	adj	agrícola
agriculture	noun	a agricultura
ahead	adv	adiante
aid	noun	a ajuda
aid	verb	ajudar
aids	noun	as ajudas
aim	noun	o objetivo
aim	verb	mirar
air	noun	o ar

aircraft	noun	a aeronave
airline	noun	a companhia aérea
airport	noun	o aeroporto
alarm	noun	o alarme
album	noun	O álbum
alcohol	noun	o álcool
alert	verb	alertar
alike	adv	gostar
alive	adj	vivo
all	adv	todos
all right	adv	tudo está bem
allegation	noun	a alegação
allege	verb	alegar
alleged	adj	suposto
allegedly	adv	supostamente
alliance	noun	a aliança
allied	adj	aliado
allocate	verb	alocar
allocation	noun	a alocação
allow	verb	permitir
allowance	noun	o subsídio
ally	noun	o aliado
almost	adv	por pouco
alone	adj	sozinho
alone	adv	1
along	adv	juntos
alpha	noun	o alfa
already	adv	já
alright	adj	corrigir
alright	adv	Está bem
also	adv	Além disso
alter	verb	para alterar
alteration	noun	a alteração
alternative	noun	a alternativa
alternative	adj	alternativa
alternatively	adv	alternativamente
altogether	adv	geralmente

aluminium	noun	o alumínio
always	adv	é sempre
am	adv	de manhã
amateur	adj	amador
amazing	adj	surpreendente
ambassador	noun	o embaixador
ambiguity	noun	a ambiguidade
ambition	noun	a ambição
ambitious	adj	ambicioso
ambulance	noun	a ambulância
amend	verb	complementar
amendment	noun	A alteração
american	noun	o americano
american	adj	americano
amnesty	noun	a amnistia
amount	noun	Quantidade
amount	verb	quantificar
amusement	noun	a diversão
analogy	noun	a analogia
analyse	verb	analisar
analysis	noun	a análise
analyst	noun	o analista
ancestor	noun	o antepassado
ancient	adj	antigo
and so on	adv	etc
angel	noun	o anjo
anger	noun	a raiva
angle	noun	o ângulo
angrily	adv	zangado
angry	adj	Bravo
animal	noun	o animal
ankle	noun	o tornozelo
anniversary	noun	o aniversário
announce	verb	anunciar
announcement	noun	o anúncio
annual	adj	anual
annually	adv	anualmente

anonymous	adj	anônimo
answer	noun	a resposta
answer	verb	para responder
ant	noun	a formiga
antibody	noun	o anticorpo
anticipate	verb	antecipar
anxiety	noun	a ansiedade
anxious	adj	preocupado
any	adv	Qualquer
anyway	adv	de qualquer forma
anywhere	adv	em toda parte
apart	adv	separadamente
apartment	noun	o apartamento
apologise	verb	Desculpar
apology	noun	o pedido de desculpas
appalling	adj	aterrorizante
apparatus	noun	o aparelho
apparent	adj	evidente
apparently	adv	pelo visto
appeal	noun	O apelo
appeal	verb	apelar
appear	verb	aparecer
appearance	noun	a aparência
appendix	noun	o apêndice
appetite	noun	o apetite
apple	noun	a maçã
applicable	adj	aplicável
applicant	noun	o requerente
application	noun	a aplicação
apply	verb	aplicar
appoint	verb	nomear
appointment	noun	O compromisso
appraisal	noun	a avaliação
appreciate	verb	apreciar
appreciation	noun	a apreciação
approach	noun	a abordagem

approach	verb	abordar
appropriate	adj	apropriado
approval	noun	a aprovação
approve	verb	aprovar
approximately	adv	sobre
arab	adj	árabe
arbitrary	adj	arbitrário
arch	noun	o arco
archbishop	noun	o arcebispo
architect	noun	o arquiteto
architectural	adj	arquitetônico
architecture	noun	a arquitetura
archive	noun	o arquivo
area	noun	a área
argue	verb	argumentar
argument	noun	o argumento
arise	verb	surgir
arm	noun	o braço
arm	verb	armar
armed	adj	armado
army	noun	o Exército
around	adv	sobre
arouse	verb	para despertar
arrange	verb	organizar
arrangement	noun	o arranjo
array	noun	a matriz
arrest	noun	a prisão
arrest	verb	prender
arrival	noun	a chegada
arrive	verb	para chegar
arrow	noun	a flecha
art	noun	a arte
article	noun	o artigo
artificial	adj	artificial
artist	noun	o artista
artistic	adj	arte
as	adv	Como

as it were	adv	como foi
as usual	adv	ainda
as well	adv	Além disso
as yet	adv	por enquanto
ash	noun	as cinzas
ashamed	adj	envergonhado
asian	adj	Ásia
aside	adv	a parte, de lado
ask	verb	perguntar
asleep	adj	dormindo
aspect	noun	o aspecto
aspiration	noun	a aspiração
assault	noun	o assalto
assemble	verb	para montar
assembly	noun	a montagem
assert	verb	afirmar
assertion	noun	a afirmação
assess	verb	avaliar
assessment	noun	a avaliação
asset	noun	o ativo
assign	verb	atribuir
assignment	noun	A atribuição
assist	verb	ajudar
assistance	noun	a assistência
assistant	noun	o assistente
assistant	adj	auxiliar
associate	noun	o associado
associate	verb	associar
associated	adj	conectado
association	noun	a Associação
assume	verb	assumir
assumption	noun	a suposição
assurance	noun	a garantia
assure	verb	assegurar-se
asylum	noun	o asilo
at all	adv	em absoluto
at first	adv	inicialmente

at last	adv	eventualmente
at least	adv	finalmente
at once	adv	Imediatamente
at present	adv	Atualmente
atmosphere	noun	a atmosfera
atom	noun	o átomo
atomic	adj	atômico
attach	verb	anexar
attack	noun	o ataque
attack	verb	atacar
attain	verb	alcançar
attempt	noun	a tentativa
attempt	verb	tentar
attend	verb	frequentar
attendance	noun	o atendimento
attention	noun	A atenção
attitude	noun	a atitude
attract	verb	atrair
attraction	noun	A Atração
attractive	adj	atraente
attribute	noun	o atributo
attribute	verb	atribuir
auction	noun	o leilão
audience	noun	a audiência
audit	noun	a auditoria
auditor	noun	o auditor
aunt	noun	A tia
australian	adj	australiano
author	noun	o autor
authority	noun	a autoridade
automatic	adj	auto
automatically	adv	automaticamente
autonomous	adj	Autônomo
autonomy	noun	a autonomia
autumn	noun	o outono
availability	noun	A disponibilidade
available	adj	acessível

avenue	noun	a Avenida
average	noun	a média
average	adj	meio
avoid	verb	evitar
await	verb	esperar
awake	adj	acordado
award	noun	o prêmio
award	verb	premiar
aware	adj	deliberar
awareness	noun	a consciência
away	adv	longe
awful	adj	Terrível
awkward	adj	desajeitado
axis	noun	o eixo
baby	noun	o bebê
back	noun	as costas
back	verb	voltar
back	adj	traseiro
back	adv	de volta
background	noun	o fundo
backing	noun	o apoio
backwards	adv	de volta
bacterium	noun	a bactéria
bad	adj	ruim
badly	adv	seriamente
bag	noun	a bolsa
balance	noun	o equilíbrio
balance	verb	equilibrar
balanced	adj	**equilibrado**
balcony	noun	a varanda
ball	noun	a bola
ballet	noun	o balé
balloon	noun	o balão
ballot	noun	o escrutínio
ban	noun	a proibição
ban	verb	banir
band	noun	a banda

bang	verb	bater
bank	noun	o banco
banker	noun	o banqueiro
banking	noun	o bancário
bankruptcy	noun	a falência
bar	noun	o bar
bare	adj	nu
barely	adv	mal
bargain	noun	a pechincha
bargaining	noun	a negociação
barn	noun	o celeiro
baron	noun	o barão
barrel	noun	O barril
barrier	noun	a barreira
base	noun	a base
base	verb	basear
basic	adj	a Principal
basically	adv	basicamente
basin	noun	a bacia
basis	noun	a base
basket	noun	O cesto
bass	noun	o baixo
bastard	noun	o bastardo
bat	noun	o morcego
bath	noun	o banho
bathroom	noun	o banheiro
battery	noun	a bateria
battle	noun	a batalha
bay	noun	a Baía
be	verb	ser estar
beach	noun	a praia
beam	noun	a viga
bean	noun	o feijão
bear	noun	o urso
bear	verb	aguentar
bearing	noun	o rolamento
beast	noun	a besta

beat	noun	a batida
beat	verb	derrotar
beautiful	adj	bonita
beautifully	adv	bonita
beauty	noun	a beleza
become	verb	tornar-se
bed	noun	a cama
bedroom	noun	o quarto
bee	noun	a abelha
beef	noun	O bife
beer	noun	A cerveja
before	adv	antes
beg	verb	implorar
begin	verb	começar
beginning	noun	o início
behalf	noun	o nome
behave	verb	comportar-se
behaviour	noun	o comportamento
behind	adv	atrás
being	noun	o ser
belief	noun	a crença
believe	verb	acreditar
bell	noun	o sino
belong	verb	pertencer
below	adv	abaixo
belt	noun	o cinto
bench	noun	o banco
bend	verb	dobrar
beneficial	adj	rentável
benefit	noun	o benefício
benefit	verb	beneficiar
besides	adv	Além de
best	adv	Melhor
bet	verb	apostar
better	adv	é melhor
beyond	adv	atrás
bias	noun	o preconceito

bible	noun	a Bíblia
bicycle	noun	a bicicleta
bid	noun	a oferta
bid	verb	fazer lances
big	adj	grande
bike	noun	a bicicleta
bile	noun	a bílis
bill	noun	a conta
billion	noun	o bilhão
bin	noun	o caixote
bind	verb	vincular
binding	adj	obrigatório
biography	noun	a biografia
biological	adj	biológico
biology	noun	a biologia
bird	noun	o pássaro
birth	noun	o nascimento
birthday	noun	o aniversário
biscuit	noun	o biscoito
bishop	noun	o bispo
bit	noun	o pouco
bite	verb	morder
bitter	adj	amargo
bitterly	adv	amargamente
bizarre	adj	excêntrico
black	noun	o preto
black	adj	o preto
bladder	noun	a bexiga
blade	noun	a lâmina
blame	verb	culpar
blank	adj	esvaziar
blanket	noun	o cobertor
blast	noun	a explosão
bless	verb	abençoar
blind	adj	cego
block	noun	o bloco
block	verb	bloquear

bloke	noun	o cara
blood	noun	o sangue
bloody	adj	sangrento
bloody	adv	sangrento
blow	noun	o golpe
blow	verb	para explodir
blue	noun	o azul
blue	adj	azul
board	noun	o quadro
boast	verb	Gabar
boat	noun	o barco
body	noun	o corpo
boil	verb	ferver
bold	adj	bravo
bolt	noun	o parafuso
bomb	noun	a bomba
bomber	noun	o bombista
bombing	noun	o bombardeamento
bond	noun	o vínculo
bone	noun	O osso
bonus	noun	o bônus
book	noun	o livro
book	verb	agendar
booking	noun	a reserva
booklet	noun	o folheto
boom	noun	O Estrondo
boost	noun	o impulso
boost	verb	aumentar
boot	noun	a bota
border	noun	a fronteira
bored	adj	irritante
boring	adj	entediante
born	verb	nascer
borough	noun	o bairro
borrow	verb	emprestar
borrowing	noun	o empréstimo

boss	noun	o chefe
both	adv	ambos
bother	verb	incomodar
bottle	noun	a garrafa
bottom	noun	o fundo
bottom	adj	baixo
bounce	verb	saltar
bound	verb	vincular
boundary	noun	o limite
bow	noun	o arco
bow	verb	curvar-se
bowel	noun	o intestino
bowl	noun	a tigela
bowler	noun	o jogador de bowling
box	noun	a Caixa
boxing	noun	o boxe
boy	noun	o garoto
boyfriend	noun	o namorado
bracket	noun	o suporte
brain	noun	o cérebro
brake	noun	o travão
branch	noun	o ramo
brand	noun	a marca
brass	noun	o bronze
brave	adj	Bravo
breach	noun	a violação
bread	noun	o pão
break	noun	a ruptura
break	verb	quebrar
breakdown	noun	o colapso
breakfast	noun	o café da manhã
breast	noun	o peito
breath	noun	a respiração
breathe	verb	respirar
breed	noun	a raça, a espécie
breed	verb	procriar

breeding	noun	a criação
breeze	noun	a Brisa
brewery	noun	a cervejaria
brick	noun	O tijolo
bride	noun	a noiva
bridge	noun	a Ponte
brief	adj	breve
briefly	adv	brevemente
brigade	noun	a brigada
bright	adj	brilhante
brilliant	adj	brilhante
bring	verb	trazer
british	adj	britânico
broad	adj	Largo
broadcast	noun	a transmissão
broadcasting	noun	a transmissão
broadly	adv	Largo
brochure	noun	a brochura
broken	adj	estão quebrados
broker	noun	o corretor
bronze	noun	o bronze
brother	noun	o irmão
brow	noun	a testa
brown	adj	Castanho
brush	noun	a escova
brush	verb	Escovar
bucket	noun	o balde
budget	noun	o orçamento
build	verb	construir
builder	noun	o construtor
building	noun	o edifício
bulb	noun	a lâmpada
bulk	noun	a granel
bull	noun	o touro
bullet	noun	a bala
bunch	noun	o grupo
burden	noun	O fardo

bureau	noun	o escritório
bureaucracy	noun	a burocracia
burial	noun	o enterro
burn	verb	queimar
burning	adj	queimando
burst	verb	estourar
bury	verb	enterrar
bus	noun	o ônibus
bush	noun	o mato
business	noun	o negócio
businessman	noun	o empresário
busy	adj	ocupado
butter	noun	a manteiga
butterfly	noun	a borboleta
button	noun	o botão
buy	verb	comprar
buyer	noun	o comprador
by	adv	de
by no means	adv	em nenhum caso
by now	adv	Até a presente data
cab	noun	o táxi
cabin	noun	a cabine
cabinet	noun	o gabinete
cable	noun	o cabo
cage	noun	a gaiola
cake	noun	o bolo
calcium	noun	o cálcio
calculate	verb	calcular
calculation	noun	o cálculo
calendar	noun	o calendário
calf	noun	o bezerro
call	noun	a chamada
call	verb	chamar
calm	verb	acalmar
calm	adj	calma
camera	noun	a câmera
camp	noun	o campo

campaign	noun	a campanha
campaign	verb	fazer campanha
can	noun	a lata
can	verb	poder
canadian	adj	canadense
canal	noun	o canal
cancel	verb	cancelar
cancer	noun	o cancer
candidate	noun	o candidato
candle	noun	a vela
canvas	noun	a tela
cap	noun	o boné
capability	noun	a capacidade
capable	adj	capaz
capacity	noun	a capacidade
capital	noun	O capital
capitalism	noun	o capitalismo
capitalist	adj	capitalista
captain	noun	o capitão
capture	verb	capturar
car	noun	o carro
caravan	noun	a caravana
carbon	noun	o carbono
card	noun	o cartão
care	noun	o cuidado
care	verb	importar-se
career	noun	a carreira
careful	adj	Cuidado
carefully	adv	cuidadosamente
carer	noun	o cuidador
cargo	noun	a carga
carpet	noun	o tapete
carriage	noun	a carruagem
carrier	noun	o transportador
carry	verb	carregar
cart	noun	o carrinho
carve	verb	esculpir

case	noun	O caso
cash	noun	o dinheiro
cassette	noun	a cassete
cast	noun	o elenco
cast	verb	lançar
castle	noun	o castelo
casual	adj	diariamente
casualty	noun	a vítima
cat	noun	o gato
catalogue	noun	o catálogo
catch	noun	a captura
catch	verb	pegar
category	noun	a categoria
cater	verb	atender
cathedral	noun	a Catedral
catholic	noun	o católico
catholic	adj	católico
cattle	noun	o gado
causal	adj	causal
cause	noun	a causa
cause	verb	causar
caution	noun	a cautela
cautious	adj	Cuidado
cave	noun	a caverna
cd	noun	o cd
cease	verb	cessar
ceiling	noun	o teto
celebrate	verb	celebrar
celebration	noun	a celebração
cell	noun	a célula
census	noun	o recenseamento
central	adj	central
centre	noun	o Centro
centre	verb	centrar
century	noun	o século
ceremony	noun	a cerimonia
certain	adj	certo

certainly	adv	Certamente
certainty	noun	a certeza
certificate	noun	o certificado
ch	noun	o ch
chain	noun	a corrente
chair	noun	a cadeira
chair	verb	presidir
chairman	noun	o presidente
challenge	noun	o desafio
challenge	verb	desafiar
chamber	noun	a Câmara
champagne	noun	o champanhe
champion	noun	o campeão
championship	noun	o Campeonato
chance	noun	a chance
chancellor	noun	o chanceler
change	noun	o troco
change	verb	mudar
changing	adj	volátil
channel	noun	o canal
chaos	noun	o caos
chap	noun	o sujeito
chapel	noun	A capela
chapter	noun	o capítulo
character	noun	o personagem
characterise	verb	caracterizar
characteristic	noun	A característica
characteristic	adj	característica
characterize	verb	caracterizar
charge	noun	a carga
charge	verb	carregar
charity	noun	a caridade
charm	noun	o charme
charming	adj	encantador
chart	noun	o gráfico
charter	noun	carta
chase	verb	perseguir

chat	verb	conversar
cheap	adj	barato
check	noun	a conta
check	verb	checar
cheek	noun	a bochecha
cheer	verb	para alegrar
cheerful	adj	alegre
cheese	noun	o queijo
chemical	noun	o químico
chemical	adj	químico
chemist	noun	o químico
chemistry	noun	a química
cheque	noun	o cheque
chest	noun	o peito
chew	verb	mastigar
chicken	noun	a galinha
chief	noun	o chefe
chief	adj	a Principal
child	noun	a criança
childhood	noun	a infância
chin	noun	o queixo
chinese	adj	chinês
chip	noun	o chip
chocolate	noun	o chocolate
choice	noun	a escolha
choir	noun	o coro
choose	verb	escolher
chop	verb	cortar
chord	noun	o acorde
chorus	noun	o coro
chosen	adj	o escolhido
christian	noun	o cristão
christian	adj	cristão
christianity	noun	o cristianismo
christmas	noun	o Natal
chronic	adj	crônica
church	noun	a Igreja

cigarette	noun	o cigarro
cinema	noun	o cinema
circle	noun	o circulo
circuit	noun	o circuito
circular	adj	circular
circulate	verb	Circular
circulation	noun	a circulação
circumstance	noun	a circunstância
cite	verb	Citar
citizen	noun	o cidadão
city	noun	a cidade
civic	adj	Civil
civil	adj	Civil
civilian	adj	Civil
claim	noun	a reivindicação
claim	verb	alegar
clarify	verb	esclarecer
clarity	noun	a clareza
clash	noun	o confronto
class	noun	a classe
classic	noun	o clássico
classic	adj	clássico
classical	adj	clássico
classification	noun	a classificação
classify	verb	classificar
classroom	noun	a sala de aula
clause	noun	a cláusula
clay	noun	a argila
clean	verb	limpar
clean	adj	limpar \ limpo
cleaner	noun	o limpador
cleaning	noun	a limpeza
clear	verb	limpar
clear	adj	limpar \ limpo
clearly	adv	obviamente
clergy	noun	o clero
clerk	noun	o funcionário

clever	adj	inteligente
client	noun	o cliente
cliff	noun	o penhasco
climate	noun	o clima
climb	verb	escalar
cling	verb	agarrar-se
clinic	noun	a clínica
clinical	adj	clínico
clock	noun	o relógio
close	noun	o fim
close	verb	fechar
close	adj	Fechar
close	adv	Fechar
closed	adj	fechadas
closely	adv	proximamente
closer	adv	mais perto
closure	noun	o encerramento
cloth	noun	a roupa
clothes	noun	as roupas
clothing	noun	as roupas
cloud	noun	a nuvem
club	noun	o clube
clue	noun	a pista
cluster	noun	o cluster
clutch	verb	apertar
cm	noun	o cm
co	noun	o co
coach	noun	O Treinador
coal	noun	o carvão
coalition	noun	a coalizão
coast	noun	a costa
coastal	adj	costa
coat	noun	o casaco
code	noun	o código
coffee	noun	o café
coffin	noun	o caixão
cognitive	adj	informativo

coherent	adj	consistente
coin	noun	a moeda
coincide	verb	para coincidir
cold	noun	o frio
cold	adj	frio
colitis	noun	a colite
collaboration	noun	a colaboração
collapse	noun	o colapso
collapse	verb	desmoronar
collar	noun	o colar
colleague	noun	o colega
collect	verb	coletar
collection	noun	a coleção
collective	adj	coletivo
collector	noun	o coletor
college	noun	o Colégio
colonel	noun	o coronel
colonial	adj	colonial
colony	noun	a colônia
colour	noun	a cor
colour	verb	colorir
coloured	adj	cor
colourful	adj	colorido
column	noun	a coluna
combination	noun	A combinação
combine	verb	combinar
combined	adj	combinado
come	verb	vir
comedy	noun	a comédia
comfort	noun	O conforto
comfort	verb	confortar
comfortable	adj	conveniente
coming	adj	chegando
command	noun	o comando
command	verb	comandar
commander	noun	o comandante
commence	verb	para iniciar

comment	noun	o comentário
comment	verb	comentar
commentary	noun	o comentário
commentator	noun	o comentador
commerce	noun	o comércio
commercial	adj	comercial
commission	noun	a Comissão
commission	verb	encomendar
commissioner	noun	o comissário
commit	verb	comprometer
commitment	noun	o compromisso
committee	noun	o Comitê
commodity	noun	a mercadoria
common	adj	comum
commonly	adv	usualmente
commonwealth	noun	a comunidade
communicate	verb	comunicar
communication	noun	a comunicação
communist	noun	o comunista
communist	adj	comunista
community	noun	a comunidade
compact	adj	compactar
companion	noun	o companheiro
company	noun	a empresa
comparable	adj	comparável
comparative	adj	comparativo
comparatively	adv	relativamente
compare	verb	comparar
comparison	noun	a comparação
compatible	adj	compatível
compel	verb	para obrigar
compensate	verb	para compensar
compensation	noun	a compensação
compete	verb	competir
competence	noun	a competência
competent	adj	competente
competition	noun	a competição

competitive	adj	competitivo
competitor	noun	o concorrente
compile	verb	compilar
complain	verb	reclamar
complaint	noun	a reclamação
complete	verb	completar
complete	adj	cheio
completely	adv	completamente
completion	noun	a conclusão
complex	noun	o complexo
complex	adj	complicado
complexity	noun	a complexidade
compliance	noun	a conformidade
complicated	adj	complicado
complication	noun	a complicação
comply	verb	cumprir
component	noun	o componente
compose	verb	compor
composer	noun	o compositor
composition	noun	a composição
compound	noun	o composto
comprehensive	adj	complexo
comprise	verb	compreender
compromise	noun	o compromisso
compulsory	adj	obrigatório
computer	noun	o computador
computing	noun	a computação
conceal	verb	esconder
concede	verb	conceder
conceive	verb	conceber
concentrate	verb	concentrar
concentration	noun	a concentração
concept	noun	o conceito
conception	noun	a concepção
conceptual	adj	conceptual
concern	noun	a preocupação
concern	verb	preocupar

concerned	adj	preocupado
concert	noun	o concerto
concession	noun	a concessão
conclude	verb	concluir
conclusion	noun	a conclusão
concrete	adj	específico
condemn	verb	para condenar
condition	noun	a condição
conduct	noun	a conduta
conduct	verb	conduzir
confer	verb	conferir
conference	noun	a conferência
confess	verb	confessar
confidence	noun	a confiança
confident	adj	certo
confidential	adj	confidencial
configuration	noun	a configuração
confine	verb	confinar
confirm	verb	confirmar
confirmation	noun	a confirmação
conflict	noun	o conflito
conform	verb	se conformar
confront	verb	confrontar
confrontation	noun	o confronto
confuse	verb	confundir
confused	adj	envergonhado
confusion	noun	a confusão
congregation	noun	a congregação
congress	noun	O congresso
connect	verb	conectar
connection	noun	a conexão
conscience	noun	a consciência
conscious	adj	consciente
consciousness	noun	a consciência
consensus	noun	o consenso
consent	noun	o consentimento
consequence	noun	a consequência

consequently	adv	conseqüentemente
conservation	noun	a conservação
conservative	noun	o conservador
conservative	adj	conservador
conserved	adj	salvou
consider	verb	considerar
considerable	adj	significativo
considerably	adv	Muito de
consideration	noun	a consideração
consist	verb	consistir
consistent	adj	consistente
consistently	adv	consistentemente
conspiracy	noun	a conspiração
constable	noun	o policial
constant	adj	constante
constantly	adv	constantemente
constituency	noun	o círculo eleitoral
constituent	noun	o constituinte
constitute	verb	constituir
constitution	noun	a Constituição
constitutional	adj	constitucional
constraint	noun	a restrição
construct	verb	construir
construction	noun	a construção
consult	verb	consultar
consultant	noun	o consultor
consultation	noun	a consulta
consume	verb	consumir
consumer	noun	o consumidor
consumption	noun	o consumo
contact	noun	o contato
contact	verb	contactar
contain	verb	conter
container	noun	o recipiente
contemplate	verb	contemplar
contemporary	noun	o contemporâneo
contemporary	adj	moderno

contempt	noun	o desprezo
content	noun	o conteúdo
content	adj	conteúdo
contest	noun	o concurso
context	noun	o contexto
continent	noun	o continente
continental	adj	continental
continually	adv	incessantemente
continue	verb	continuar
continued	adj	continuação
continuing	adj	contínuo
continuity	noun	a continuidade
continuous	adj	contínuo
contract	noun	o contrato
contract	verb	contratar
contractor	noun	o empreiteiro
contradiction	noun	a contradição
contrary	noun	o contrário
contrast	noun	o contraste
contrast	verb	para contrastar
contribute	verb	contribuir
contribution	noun	a contribuição
control	noun	o controle
control	verb	controlar
controlled	adj	controlada
controller	noun	o controlador
controversial	adj	controverso
controversy	noun	a controvérsia
convenient	adj	conveniente
convention	noun	a Convenção
conventional	adj	habitual
conversation	noun	a conversa
conversion	noun	a conversão
convert	verb	converter
convey	verb	transmitir
convict	verb	para convencer
conviction	noun	a convicção

convince	verb	convencer
convinced	adj	convencido
convincing	adj	**convincente**
cook	verb	cozinhar
cooking	noun	o cozimento
cool	verb	legal
cool	adj	calafrio
cooperation	noun	a cooperação
co-operation	noun	A cooperação
co-ordinate	verb	coordenar
cope	verb	lidar
copper	noun	o cobre
copy	noun	a cópia
copy	verb	copiar
copyright	noun	os direitos de autor
coral	noun	o coral
core	noun	o nucleo
corn	noun	o milho
corner	noun	a esquina
corp	noun	o corp
corporate	adj	corporativo
corporation	noun	a corporação
corps	noun	o corpo
corpse	noun	o cadáver
correct	verb	corrigir
correct	adj	corrigir
correctly	adv	corretamente
correlation	noun	a correlação
correspond	verb	corresponder
correspondence	noun	a correspondência
correspondent	noun	o correspondente
corresponding	adj	**apropriado**
corridor	noun	o corredor
corruption	noun	a corrupção
cost	noun	o custo
cost	verb	custar
costly	adj	caro

costume	noun	o traje
cottage	noun	a cabana
cotton	noun	o algodão
could	verb	poder
council	noun	o Conselho
councillor	noun	o vereador
counselling	noun	o aconselhamento
count	noun	a conta
count	verb	contar
counter	noun	o contador
counter	verb	para contrariar
counterpart	noun	a contraparte
country	noun	o país
countryside	noun	o interior
county	noun	o condado
coup	noun	o golpe
couple	noun	o casal
couple	verb	para casal
courage	noun	a coragem
course	noun	o curso
court	noun	O tribunal
courtesy	noun	a cortesia
cousin	noun	o primo
covenant	noun	o pacto
cover	noun	a capa
cover	verb	cobrir
coverage	noun	a cobertura
cow	noun	a vaca
crack	noun	o crack
crack	verb	rachar
craft	noun	o ofício
crash	noun	o acidente
crash	verb	falhar
crawl	verb	rastejar
crazy	adj	louco
cream	noun	o creme
create	verb	para criar

creation	noun	a criação
creative	adj	criativo
creature	noun	a criatura
credit	noun	o crédito
credit	verb	creditar
creditor	noun	o credor
creep	verb	assustar
crew	noun	a tripulação
cricket	noun	O cricket
crime	noun	o crime
criminal	noun	o criminoso
criminal	adj	Criminoso
crisis	noun	A crise
criterion	noun	o critério
critic	noun	o crítico
critical	adj	crítico
criticise	verb	criticar
criticism	noun	as críticas
criticize	verb	criticar
crop	noun	a colheita
cross	noun	a Cruz
cross	verb	atravessar
crossing	noun	a travessia
crowd	noun	a multidão
crown	noun	a coroa
crucial	adj	chave
crude	adj	cru
cruel	adj	cruel
crush	verb	esmagar
cry	noun	o choro
cry	verb	chorar
crystal	noun	o cristal
cult	noun	o culto
cultural	adj	cultural
culture	noun	a cultura
cup	noun	a xícara
cupboard	noun	o quadro

cure	noun	a cura
cure	verb	curar
curiosity	noun	a curiosidade
curious	adj	curioso
curl	verb	enrolar
currency	noun	a moeda
current	noun	o atual
current	adj	atual
currently	adv	Atualmente
curriculum	noun	o currículo
curtain	noun	a cortina
curve	noun	a curva
custody	noun	a custódia
custom	noun	o costume
customer	noun	o cliente
cut	noun	o corte
cut	verb	cortar
cutting	noun	o corte
cycle	noun	o ciclo
cylinder	noun	o cilindro
dad	noun	o pai
daddy	noun	o Papai
daily	adj	diariamente
daily	adv	diariamente
dairy	noun	o leite
damage	noun	o dano
damage	verb	danificar
damp	adj	amortecer
dance	noun	a danca
dance	verb	dançar
dancer	noun	o dançarino
dancing	noun	a dança
danger	noun	o perigo
dangerous	adj	perigoso
dare	verb	desafiar
dare	verb	desafiar
dark	noun	o escuro

dark	adj	Sombrio
darkness	noun	a escuridão
darling	noun	o querido
data	noun	os dados
database	noun	o banco de dados
date	noun	a data
date	verb	Até a presente data
daughter	noun	a filha
dawn	noun	o amanhecer
day	noun	o dia
daylight	noun	a luz do dia
dead	adj	morto
deadline	noun	o prazo
deaf	adj	surdo
deal	noun	o acordo
deal	verb	lidar
dealer	noun	o negociante
dealing	noun	o tráfico
dear	noun	o querido
dear	adj	caro
death	noun	a morte
debate	noun	o debate
debate	verb	debater
debt	noun	a dívida
debtor	noun	o devedor
debut	noun	a estréia
decade	noun	a década
decent	adj	decente
decide	verb	decidir
decision	noun	a decisão
decision-making	noun	a tomada de decisão
decisive	adj	decisivo
deck	noun	o convés
declaration	noun	a declaração
declare	verb	declarar
decline	noun	o declínio

decline	verb	recusar
decorate	verb	decorar
decoration	noun	a decoração
decrease	verb	diminuir
decree	noun	o decreto
dedicate	verb	dedicar
deed	noun	a escritura
deem	verb	considerar
deep	adj	profundo
deep	adv	profundo
deeply	adv	profundo
default	noun	o padrão
defeat	noun	a derrota
defeat	verb	derrotar
defect	noun	o defeito
defence	noun	a defesa
defend	verb	defender
defendant	noun	o réu
defender	noun	o defensor
defensive	adj	defensiva
deficiency	noun	a deficiência
deficit	noun	o déficit
define	verb	definir
definite	adj	certo
definitely	adv	definitivamente
definition	noun	a definição
degree	noun	o grau
delay	noun	o atraso
delay	verb	atrasar
delegate	noun	o delegado
delegation	noun	A Delegação
deliberate	adj	conferir
deliberately	adv	conscientemente
delicate	adj	☐ Gentil
delicious	adj	saboroso
delight	noun	o prazer
delighted	adj	Muito feliz

delightful	adj	delicioso
deliver	verb	entregar
delivery	noun	a entrega
demand	noun	a demanda
demand	verb	exigir
democracy	noun	a democracia
democrat	noun	o democrata
democratic	adj	um democrático
demolish	verb	demolir
demonstrate	verb	para demonstrar
demonstration	noun	A demonstração
density	noun	a densidade
deny	verb	negar
depart	verb	partir
department	noun	o Departamento
departure	noun	a partida
depend	verb	depender
dependence	noun	a dependência
dependent	adj	dependente
depict	verb	retratar
deposit	noun	o depósito
deposit	verb	depositar
depressed	adj	depressivo
depression	noun	a depressão
deprive	verb	privar
depth	noun	a profundeza
deputy	noun	o deputado
derive	verb	derivar
descend	verb	descer
descent	noun	a descida
describe	verb	descrever
description	noun	a descrição
desert	noun	o deserto
desert	verb	ao deserto
deserve	verb	merecer
design	noun	o design
design	verb	projetar

designate	verb	para designar
designer	noun	o designer
desirable	adj	desejável
desire	noun	o desejo
desire	verb	desejar
desk	noun	a mesa
desktop	noun	a área de trabalho
despair	noun	o desespero
desperate	adj	desesperado
desperately	adv	em desespero
destination	noun	o destino
destroy	verb	destruir
destruction	noun	A destruição
detail	noun	o detalhe
detailed	adj	mais detalhado
detect	verb	detectar
detective	noun	o detetive
determination	noun	a determinação
determine	verb	para determinar
determined	adj	certo
develop	verb	desenvolver
developed	adj	desenvolvido
developer	noun	o desenvolvedor
developing	adj	em desenvolvimento
development	noun	o desenvolvimento
device	noun	o dispositivo
devil	noun	o diabo
devise	verb	inventar
devote	verb	devotar
devoted	adj	dedicada
diagnose	verb	diagnosticar
diagnosis	noun	o diagnóstico
diagram	noun	o diagrama
dialogue	noun	O diálogo
diameter	noun	o diâmetro
diamond	noun	o diamante

diary	noun	o diário
dictate	verb	ditar
dictionary	noun	o dicionário
die	verb	morrer
diesel	noun	o diesel
diet	noun	a dieta
differ	verb	diferir
difference	noun	A diferença
different	adj	de outros
differentiate	verb	diferenciar
differently	adv	de outra forma
difficult	adj	complicado
difficulty	noun	a dificuldade
dig	verb	cavar
digital	adj	digital
dignity	noun	a dignidade
dilemma	noun	o dilema
dimension	noun	a dimensão
diminish	verb	para diminuir
dining	noun	o jantar
dinner	noun	o jantar
dioxide	noun	o dióxido
dip	verb	mergulhar
diplomatic	adj	diplomático
direct	verb	direccionar
direct	adj	direto
direction	noun	a direção
directive	noun	a diretiva
directly	adv	diretamente
director	noun	o diretor
directory	noun	o diretório
dirt	noun	a terra
dirty	adj	sujo
disability	noun	a deficiência
disabled	adj	desconectado
disadvantage	noun	A desvantagem
disagree	verb	discordar

disagreement	noun	o desacordo
disappear	verb	para desaparecer
disappointed	adj	desapontado
disappointment	noun	a decepção
disaster	noun	o desastre
disastrous	adj	desastroso
disc	noun	o disco
discharge	noun	a descarga
discharge	verb	descarregar
disciplinary	adj	disciplinar
discipline	noun	a disciplina
disclose	verb	divulgar
disclosure	noun	a divulgação
discount	noun	o desconto
discourage	verb	desencorajar
discourse	noun	o discurso
discover	verb	descobrir
discovery	noun	a descoberta
discretion	noun	a discrição
discrimination	noun	a discriminação
discuss	verb	discutir
discussion	noun	a discussão
disease	noun	a doença
dish	noun	o prato
disk	noun	O disco
dislike	verb	desgostar
dismiss	verb	demitir
dismissal	noun	a demissão
disorder	noun	o distúrbio
display	noun	a exibição
display	verb	mostrar
disposal	noun	a disposição
dispose	verb	descartar
dispute	noun	a disputa
dissolve	verb	dissolver
distance	noun	a distancia
distant	adj	controlo remoto

distinct	adj	distinto
distinction	noun	a distinção
distinctive	adj	distintivo
distinguish	verb	distinguir
distinguished	adj	um ótimo
distress	noun	a angústia
distribute	verb	distribuir
distribution	noun	a distribuição
district	noun	o distrito
disturb	verb	perturbar
disturbance	noun	a perturbação
disturbing	adj	perturbador
dive	verb	mergulhar
diverse	adj	diverso
diversity	noun	a diversidade
divert	verb	desviar
divide	verb	dividir
dividend	noun	o dividendo
divine	adj	divino
division	noun	a divisão
divorce	noun	o divórcio
divorce	verb	divorciar
dna	noun	o dna
do	verb	façam
dock	noun	a doca
doctor	noun	o médico
Doctor	noun	o médico
doctrine	noun	a doutrina
document	noun	o documento
document	verb	documentar
documentation	noun	a documentação
dog	noun	o cachorro
doll	noun	a boneca
dollar	noun	o dólar
dolphin	noun	O golfinho
domain	noun	o domínio
domestic	adj	interior

dominance	noun	o domínio
dominant	adj	dominante
dominate	verb	Dominar
donate	verb	para doar
donation	noun	a doação
donor	noun	o dador
door	noun	a porta
doorway	noun	a porta
dose	noun	a dose
dot	noun	o ponto
double	noun	o duplo
double	verb	dobrar
double	adj	em dobro
doubt	noun	a duvida
doubt	verb	duvidar
doubtful	adj	duvidoso
down	noun	o baixo
down	adv	baixa
downstairs	adv	andar de baixo
dozen	noun	a dúzia
draft	noun	o rascunho
draft	verb	fazer um rascunho
drag	verb	arrastar
dragon	noun	o dragão
drain	verb	drenar
drama	noun	O drama
dramatic	adj	dramático
dramatically	adv	dramaticamente
draw	noun	o desenho
draw	verb	desenhar
drawer	noun	a gaveta
drawing	noun	o desenho
dreadful	adj	Terrível
dream	noun	o sonho
dream	verb	sonhar
dress	noun	o vestido
dress	verb	vestir

dressing	noun	o molho
drift	verb	à deriva
drill	noun	a broca
drill	verb	perfurar
drink	noun	a bebida
drink	verb	para beber
drinking	noun	a bebida
drive	noun	a unidade
drive	verb	dirigir
driver	noun	o motorista
driving	noun	a condução
driving	adj	dirigindo
drop	noun	a queda
drop	verb	derrubar
drown	verb	afogar
drug	noun	a droga
drum	noun	o tambor
drunk	adj	bêbado
dry	verb	secar
dry	adj	seco
dual	adj	em dobro
duck	noun	o pato
due	adj	obrigatório
duke	noun	O duque
dull	adj	estúpido
dump	verb	despejar
duration	noun	a duração
dust	noun	a poeira
dutch	adj	holandês
duty	noun	o dever
dwelling	noun	a habitação
dying	adj	morrendo
dynamic	adj	dinâmico
e.g.	adv	por exemplo
eager	adj	impaciente
eagle	noun	a águia
ear	noun	a orelha

earl	noun	o conde
earlier	adv	mais cedo
early	adj	cedo
early	adv	cedo
earn	verb	ganhar
earnings	noun	os ganhos
earth	noun	a Terra
ease	noun	a facilidade
ease	verb	facilitar
easier	adv	Se acalme
easily	adv	fácil
east	noun	o leste
easter	noun	a Páscoa
eastern	adj	oriental
easy	adj	fácil
eat	verb	comer
eating	noun	a comer
echo	noun	o eco
echo	verb	a ecoar
economic	adj	econômico
economically	adv	economicamente
economics	noun	a economia
economist	noun	o economista
economy	noun	a economia
ed	noun	o ed
edge	noun	A beira
edit	verb	editar
edition	noun	a edição
editor	noun	o editor
educate	verb	educar
education	noun	a educação
educational	adj	Educação
effect	noun	o efeito
effect	verb	para afetar
effective	adj	eficaz
effectively	adv	na realidade
effectiveness	noun	a efetividade

efficiency	noun	a eficiência
efficient	adj	eficaz
efficiently	adv	produtivamente
effort	noun	o esforço
eg	adv	por exemplo
egg	noun	o ovo
ego	noun	o ego
either	adv	ou
elaborate	adj	Desenvolvido por
elbow	noun	o cotovelo
elder	noun	o ancião
elderly	adj	velho
eldest	adj	mais antigo
elect	verb	eleger
election	noun	a eleição
electoral	adj	seletivo
electorate	noun	o eleitorado
electric	adj	elétrico
electrical	adj	elétrico
electricity	noun	a eletricidade
electron	noun	o elétron
electronic	adj	eletrônico
electronics	noun	a eletrônica
elegant	adj	elegante
element	noun	o elemento
elephant	noun	o elefante
eligible	adj	direita
eliminate	verb	para eliminar
elite	noun	a elite
else	adv	ainda
elsewhere	adv	em outro lugar
embark	verb	embarcar
embarrassed	adj	envergonhado
embarrassing	adj	difícil
embarrassment	noun	o embaraço
embassy	noun	a embaixada
embody	verb	incorporar

embrace	verb	abraçar
emerge	verb	emergir
emergence	noun	a emergência
emergency	noun	a emergência
emission	noun	a emissão
emotion	noun	a emoção
emotional	adj	emocional
emperor	noun	o Imperador
emphasis	noun	a ênfase
emphasise	verb	para enfatizar
emphasize	verb	enfatizar
empire	noun	o império
empirical	adj	empírico
employ	verb	empregar
employee	noun	o empregado
employer	noun	o empregador
employment	noun	o emprego
empty	verb	esvaziar
empty	adj	esvaziar
enable	verb	habilitar
enclose	verb	incluir
encounter	noun	o encontro
encounter	verb	encontrar
encourage	verb	encorajar
encouragement	noun	o encorajamento
encouraging	adj	promoção
end	noun	o fim
end	verb	terminar
ending	noun	o final
endless	adj	sem fim
endorse	verb	endossar
endure	verb	aguentar
enemy	noun	o inimigo
energy	noun	a energia
enforce	verb	reforçar
enforcement	noun	a execução
engage	verb	envolver

engagement	noun	o noivado
engine	noun	o motor
engineer	noun	o engenheiro
engineering	noun	a engenharia
english	noun	o inglês
english	adj	Inglês
englishman	noun	o inglês
enhance	verb	melhorar
enjoy	verb	para curtir
enjoyment	noun	o gozo
enormous	adj	imenso
enough	adv	o suficiente
enquire	verb	inquirir
enquiry	noun	o inquérito
ensure	verb	para garantir
entail	verb	implicar
enter	verb	entrar
enterprise	noun	a empresa
entertain	verb	para entreter
entertainment	noun	o entretenimento
enthusiasm	noun	o entusiasmo
enthusiast	noun	o entusiasta
enthusiastic	adj	entusiasmado
entire	adj	todo
entirely	adv	completamente
entitle	verb	dar direito
entitled	adj	seguro
entity	noun	a entidade
entrance	noun	a entrada
entry	noun	a entrada
envelope	noun	o envelope
environment	noun	o ambiente
environmental	adj	de Meio Ambiente
envisage	verb	prever
enzyme	noun	a enzima
episode	noun	O episódio
equal	verb	igualar

equal	adj	igual
equality	noun	a igualdade
equally	adv	igualmente
equation	noun	a equação
equilibrium	noun	o equilíbrio
equip	verb	equipar
equipment	noun	o equipamento
equity	noun	o patrimônio
equivalent	noun	o equivalente
equivalent	adj	equivalente
era	noun	a era
erect	verb	erigir
erosion	noun	a erosão
error	noun	o erro
escape	noun	a fuga
escape	verb	escapar
especially	adv	especial
essay	noun	a redação
essence	noun	a essência
essential	adj	significativo
essentially	adv	essencialmente
establish	verb	estabelecer
established	adj	conjunto
establishment	noun	o estabelecimento
estate	noun	o Estado
estimate	noun	a estimativa
estimate	verb	estimar
estimated	adj	avaliativo
et al	adv	de outros
et al.	adv	de outros.
etc	adv	etc
etc.	adv	e coisas assim
ethical	adj	ético
ethnic	adj	étnico
european	noun	o Europeu
european	adj	europeu
evaluate	verb	avaliar

evaluation	noun	a avaliação
even	adv	até
even so	adv	Apesar disso
evening	noun	a noite
event	noun	o evento
eventual	adj	possível
eventually	adv	eventualmente
ever	adv	é sempre
everyday	adj	diariamente
everywhere	adv	em toda parte
evidence	noun	a evidência
evident	adj	evidente
evidently	adv	obviamente
evil	noun	o mal
evil	adj	mal
evoke	verb	Evocar
evolution	noun	a evolução
evolutionary	adj	evolucionário
evolve	verb	evoluir
exact	adj	preciso
exactly	adv	com certeza
exam	noun	o exame
examination	noun	o exame
examine	verb	examinar
example	noun	o exemplo
exceed	verb	exceder
excellent	adj	um ótimo
exception	noun	a exceção
exceptional	adj	excepcional
excess	noun	o excesso
excess	adj	excesso
excessive	adj	excessivo
exchange	noun	a troca
exchange	verb	trocar
excited	adj	animado
excitement	noun	A excitação
exciting	adj	emocionante

exclaim	verb	Exclamar
exclude	verb	excluir
exclusion	noun	a exclusão
exclusive	adj	exclusivo
exclusively	adv	exclusivamente
excuse	noun	a desculpa
excuse	verb	desculpar
execute	verb	executar
execution	noun	a execução
executive	noun	o executivo
exemption	noun	a isenção
exercise	noun	o exercício
exercise	verb	exercitar
exert	verb	exercer
exhaust	verb	muito cansado
exhibit	verb	exibir
exhibition	noun	A exibição
exile	noun	o exílio
exist	verb	existir
existence	noun	a existência
existing	adj	existir
exit	noun	a saída
exotic	adj	exótico
expand	verb	expandir
expansion	noun	a expansão
expect	verb	esperar
expectation	noun	a expectativa
expected	adj	esperado
expedition	noun	a expedição
expenditure	noun	as despesas
expense	noun	o custo
expensive	adj	caro
experience	noun	a experiência
experience	verb	experimentar
experienced	adj	com experiência
experiment	noun	o experimento
experimental	adj	experimental

expert	noun	O especialista
expertise	noun	a perícia
explain	verb	explicar
explanation	noun	a explicação
explicit	adj	explícito
explicitly	adv	explicitamente
explode	verb	explodir
exploit	verb	para explorar
exploitation	noun	a exploração
exploration	noun	a exploração
explore	verb	explorar
explosion	noun	a explosão
export	noun	a exportação
export	verb	Exportar
expose	verb	expor
exposure	noun	a exposição
express	noun	o expresso
express	verb	expressar
expression	noun	a expressão
extend	verb	estender
extended	adj	estendido
extension	noun	a extensão
extensive	adj	extenso
extent	noun	a extensão
external	adj	externo
extra	adj	adicional
extract	noun	o extrato
extract	verb	extrair
extraordinary	adj	extraordinário
extreme	noun	o extremo
extreme	adj	extremo
extremely	adv	altamente
eye	noun	o olho
eyebrow	noun	a sobrancelha
fabric	noun	a fábrica
face	noun	o rosto
face	verb	encarar

facilitate	verb	facilitar
facility	noun	a facilidade
fact	noun	o fato
faction	noun	a facção
factor	noun	o fator
factory	noun	a fabrica
faculty	noun	a faculdade
fade	verb	Desaparecer
fail	verb	falhar
failure	noun	a falha
faint	adj	fraco
fair	adj	eqüitativo
fairly	adv	bonita
faith	noun	a fé
faithful	adj	direita
fall	noun	a queda
fall	verb	cair
false	adj	falso
fame	noun	a fama
familiar	adj	familiar
family	noun	a família
famous	adj	famoso
fan	noun	o fã
fancy	verb	fantasia
fantastic	adj	**fantástico**
fantasy	noun	a fantasia
far	adj	longe
far	adv	longa distância
far from	adv	longe de
fare	noun	a tarifa
farm	noun	a Fazenda
farmer	noun	o fazendeiro
farming	noun	a agricultura
fascinating	adj	encantador
fashion	noun	a moda
fashionable	adj	elegante
fast	adj	velozes

fast	adv	velozes
faster	adv	Mais rápido
fat	noun	a gordura
fat	adj	gordinho
fatal	adj	fatal
fate	noun	o destino
father	noun	o pai
fault	noun	a culpa
favour	noun	o favor
favour	verb	para favorecer
favourable	adj	favorável
favourite	noun	o favorito
favourite	adj	favorito
fax	noun	o fax
fear	noun	o medo
fear	verb	temer
feather	noun	a pena
feature	noun	a característica
feature	verb	apresentar
federal	adj	Federal
federation	noun	a federação
fee	noun	A taxa
feed	verb	alimentar
feedback	noun	o feedback
feel	verb	sentir
feeling	noun	o sentimento
fellow	noun	o companheiro
fellow	adj	amigáveis
female	noun	a fêmea
female	adj	fêmea
feminist	noun	a feminista
feminist	adj	feminista
fence	noun	a cerca
ferry	noun	A balsa
fertility	noun	a fertilidade
festival	noun	o festival
fetch	verb	buscar

fever	noun	a febre
fibre	noun	a fibra
fiction	noun	a ficção
field	noun	o campo
fierce	adj	feroz
fig	noun	o figo
fight	noun	a luta
fight	verb	lutar
fighter	noun	o lutador
fighting	noun	a luta
figure	noun	a figura
figure	verb	descobrir
file	noun	o arquivo
file	verb	arquivar
fill	verb	preencher
film	noun	o filme
filter	noun	o filtro
final	noun	o final
final	adj	final
finally	adv	Finalmente
finance	noun	as finanças
finance	verb	financiar
financial	adj	financeiro
find	verb	encontrar
finding	noun	a descoberta
fine	noun	a multa
fine	verb	multa
fine	adj	um ótimo
finger	noun	o dedo
finish	noun	o final
finish	verb	terminar
fire	noun	o fogo
fire	verb	disparar
firm	noun	a empresa
firm	adj	sólido
firmly	adv	firmemente
firstly	adv	primeiramente

fiscal	adj	fiscal
fish	noun	o Peixe
fish	verb	pescar
fisherman	noun	o pescador
fishing	noun	a pesca
fist	noun	o punho
fit	noun	o ajuste
fit	verb	caber
fit	adj	em forma
fitness	noun	a aptidão
fitting	noun	o encaixe
fix	verb	Consertar
fixed	adj	fixo
flag	noun	a bandeira
flame	noun	A chama
flash	noun	o flash
flash	verb	a piscar
flat	noun	o apartamento
flat	adj	plano
flavour	noun	o sabor
flee	verb	fugir
fleet	noun	a frota
flesh	noun	a carne
flexibility	noun	a flexibilidade
flexible	adj	flexível
flick	verb	apertar
flight	noun	o voo
fling	verb	lançar
float	verb	flutuar
flock	noun	o rebanho
flood	noun	A inundação
flood	verb	inundar
floor	noun	o chão
flour	noun	a farinha
flourish	verb	florescer
flow	noun	o fluxo
flow	verb	Fluir

flower	noun	a flor
fluid	noun	o fluido
flush	verb	Dar descarga
fly	noun	o voo
fly	verb	voar
flying	adj	vôo
focus	noun	o foco
focus	verb	focar
fog	noun	o nevoeiro
fold	verb	dobrar
folk	noun	o povo
follow	verb	seguir
follower	noun	o seguidor
following	adj	Segue
folly	noun	a loucura
fond	adj	amoroso
food	noun	a comida
fool	noun	o bobo
foolish	adj	estúpido
foot	noun	o pé
football	noun	o futebol
for ever	adv	para sempre
for example	adv	por exemplo
for instance	adv	por exemplo
forbid	verb	proibir
force	noun	a força
force	verb	forçar
forecast	noun	a previsão
forehead	noun	a testa
foreign	adj	estrangeiro
foreigner	noun	o estrangeiro
forest	noun	a floresta
forever	adv	para sempre
forget	verb	esquecer
forgive	verb	perdoar
fork	noun	o garfo
form	noun	a forma

form	verb	formar
formal	adj	formal
formally	adv	formalmente
format	noun	O formato
formation	noun	a formação
formerly	adv	antes
formidable	adj	Terrível
formula	noun	a fórmula
formulate	verb	Formular
formulation	noun	a formulação
forth	adv	frente
forthcoming	adj	próximos
fortnight	noun	a quinzena
fortunate	adj	por sorte
fortunately	adv	Felizmente
fortune	noun	a fortuna
forum	noun	o Fórum
forward	adj	frente
forward	adv	frente
forwards	adv	frente
fossil	noun	o fóssil
foster	verb	promover
found	verb	encontrar
foundation	noun	a Fundação
founder	noun	o fundador
fox	noun	a raposa
fraction	noun	a fração
fragment	noun	o fragmento
frame	noun	a moldura
frame	verb	enquadrar
framework	noun	o quadro
fraud	noun	a fraude
free	verb	liberar, libertar
free	adj	livre
freedom	noun	A liberdade
freely	adv	livre
freeze	verb	congelar

french	noun	o francês
french	adj	francês
frequency	noun	a frequência
frequent	adj	freqüente
frequently	adv	frequentemente
fresh	adj	fresco
fridge	noun	o frigorífico
friend	noun	o amigo
friendly	adj	amigáveis
friendship	noun	a amizade
frighten	verb	assustar
frightened	adj	assustado
fringe	noun	a franja
from time to time	adv	as vezes
front	noun	a frente
front	adj	frente
frontier	noun	a fronteira
frown	verb	franzir a testa
frozen	adj	congeladas
fruit	noun	a fruta
frustration	noun	a frustração
ft	noun	o ft
fuck	verb	foder
fucking	adj	muito mal
fucking	adv	porra
fuel	noun	o combustível
fulfil	verb	cumprir
full	adj	cheio
full-time	adj	permanentemente
fully	adv	completamente
fun	noun	a diversão
fun	adj	vasul
function	noun	a função
function	verb	funcionar
functional	adj	funcional
fund	noun	o fundo
fund	verb	financiar

fundamental	adj	fundamental
funding	noun	o financiamento
funeral	noun	o funeral
funny	adj	alegre
fur	noun	a pele
furious	adj	furioso
furnish	verb	fornecer
furniture	noun	a mobília
further	adv	mais
furthermore	adv	Além disso
fury	noun	a fúria
fusion	noun	a fusão
future	noun	o futuro
future	adj	futuro
gain	noun	o ganho
gain	verb	ganhar
gall	noun	a galguez
gallery	noun	a galeria
game	noun	o jogo
gang	noun	A gangue
gap	noun	a lacuna
garage	noun	a garagem
garden	noun	o Jardim
gardener	noun	o jardineiro
garment	noun	a roupa
gas	noun	o gás
gasp	verb	ofegar
gastric	adj	gástrico
gate	noun	o portão
gather	verb	reunir
gathering	noun	a reunião
gay	adj	gay
gaze	noun	o encarar
gaze	verb	olhar
gear	noun	a engrenagem
gen	noun	o gen
gender	noun	o gênero

gene	noun	o gene
general	noun	o geral
general	adj	geral
generally	adv	geralmente
generate	verb	para gerar
generation	noun	a geração
generous	adj	generoso
genetic	adj	genético
genius	noun	o génio
gentle	adj	☐ Gentil
gentleman	noun	o cavalheiro
gently	adv	Cuidado
genuine	adj	autêntico
genuinely	adv	genuinamente
geographical	adj	geográfico
geography	noun	A geografia
german	noun	o alemão
german	adj	alemão
gesture	noun	o gesto
get	verb	para obter
ghost	noun	o fantasma
giant	noun	o gigante
giant	adj	gigante
gift	noun	o presente
girl	noun	a menina
girlfriend	noun	a namorada
give	verb	dar
given	adj	a
glad	adj	feliz
glance	noun	o olhar
glance	verb	olhar
glare	verb	olhar
glass	noun	o vidro
glimpse	noun	o vislumbre
global	adj	Global
glorious	adj	agradável
glory	noun	A glória

glove	noun	a luva
go	noun	a ir
go	verb	ir
goal	noun	o objetivo
goat	noun	a cabra
god	noun	o Deus
going	verb	indo
gold	noun	o ouro
golden	adj	ouro
golf	noun	o golfe
good	noun	o bom
good	adj	Boa
goodness	noun	a bondade
goods	noun	os bens
gospel	noun	o evangelho
gothic	adj	gótico
govern	verb	governar
governing	adj	regulador
government	noun	o governo
governor	noun	o governador
gown	noun	o vestido
gp	noun	o gp
grab	verb	agarrar
grace	noun	a graça
grade	noun	a nota
gradual	adj	gradual
gradually	adv	gradualmente
graduate	noun	O graduado
grain	noun	o grão
grammar	noun	a gramática
grand	adj	grande
grandfather	noun	o avô
grandmother	noun	a avó
grant	noun	a concessão
grant	verb	conceder
graph	noun	o gráfico
graphics	noun	os gráficos

grasp	verb	alcançar
grass	noun	a grama
grateful	adj	grato
grave	noun	o túmulo
gravel	noun	o cascalho
gravity	noun	a gravidade
great	adj	Ótimo
greatly	adv	Muito de
greek	noun	o grego
greek	adj	grego
green	noun	o verde
green	adj	verde
greenhouse	noun	a estufa
greet	verb	cumprimentar
grey	adj	cinzento
grid	noun	a grelha
grief	noun	a dor
grim	adj	sombrio
grin	noun	o sorriso
grin	verb	a sorrir
grip	noun	a aderência
grip	verb	agarrar
gross	adj	Bruto
ground	noun	o chão
group	noun	o grupo
grouping	noun	o agrupamento
grow	verb	crescer
growing	adj	crescendo
growth	noun	o crescimento
guarantee	noun	A garantia
guarantee	verb	garantir
guard	noun	o guarda
guard	verb	guardar
guardian	noun	o guardião
guerrilla	noun	a guerrilha
guess	verb	adivinhar
guest	noun	O convidado

guidance	noun	A orientação
guide	noun	o guia
guide	verb	guiar
guideline	noun	a diretriz
guild	noun	a associação
guilt	noun	a culpa
guilty	adj	culpado
guitar	noun	a guitarra
gun	noun	a arma
guy	noun	o cara
habit	noun	o hábito
habitat	noun	o habitat
hair	noun	o cabelo
half	noun	a metade
half	adv	metade
hall	noun	o Salão
halt	noun	a paragem
halt	verb	parar
hammer	noun	o martelo
hand	noun	a mão
hand	verb	entregar
handful	noun	o punhado
handicap	noun	a desvantagem
handicapped	adj	**Desativado**
handle	noun	a maçaneta
handle	verb	lidar
handling	noun	o manuseio
handsome	adj	agradável
hang	verb	pendurar
happen	verb	acontecer
happily	adv	Felizmente
happiness	noun	a felicidade
happy	adj	feliz
harbour	noun	o Porto
hard	adj	Difícil
hard	adv	firmemente
hardly	adv	mal

hardware	noun	o hardware
harm	noun	o dano
harm	verb	magoar
harmony	noun	a harmonia
harsh	adj	forte
harvest	noun	a colheita
hat	noun	o chapéu
hate	verb	odiar
hatred	noun	o ódio
haul	verb	transportar
have	verb	Ter
hazard	noun	o perigo
head	noun	a cabeça
head	verb	dirigir
head	adj	a Principal
headache	noun	a dor de cabeça
heading	noun	O título
headline	noun	a manchete
headmaster	noun	o diretor
headquarters	noun	a sede
health	noun	a saúde
healthy	adj	saudável
heap	noun	a pilha
hear	verb	ouvir
hearing	noun	A audiência
heart	noun	o coração
heat	noun	o calor
heat	verb	aquecer
heating	noun	o aquecimento
heaven	noun	o céu
heavily	adv	Forte
heavy	adj	pesado
hedge	noun	a cerca
heel	noun	o calcanhar
height	noun	a altura
heir	noun	o herdeiro
helicopter	noun	o helicóptero

hell	noun	o inferno
help	noun	a ajuda
help	verb	ajudar
helpful	adj	útil
hemisphere	noun	o hemisfério
hence	adv	conseqüentemente
herb	noun	a erva
herd	noun	a manada
here	adv	aqui
heritage	noun	a herança
hero	noun	o herói
hesitate	verb	hesitar
hidden	adj	escondido
hide	verb	esconder
hierarchy	noun	a hierarquia
high	adj	Alto
high	adv	Alto
highlight	verb	para realçar
highly	adv	Alto
highway	noun	a estrada
Hill	noun	a colina
hint	noun	a dica
hip	noun	o quadril
hire	noun	a contratação
hire	verb	contratar
historian	noun	o historiador
historic	adj	histórico
historical	adj	histórico
history	noun	a história
hit	noun	o sucesso
hit	verb	acertar
hitherto	adv	até agora
hold	noun	o porão
hold	verb	segurar
holder	noun	o titular
holding	noun	a exploração
hole	noun	o buraco

holiday	noun	o feriado
holly	noun	o azevinho
holy	adj	Santo
home	noun	a casa
home	adv	casa
homeless	adj	sem teto
honest	adj	justo
honestly	adv	honestamente
honey	noun	o mel
honour	noun	a honra
honour	verb	honrar
hook	noun	O gancho
hope	noun	a esperança
hope	verb	ter esperança
hopefully	adv	com esperança
horizon	noun	o horizonte
horizontal	adj	horizontal
horn	noun	A buzina
horrible	adj	Terrível
horror	noun	o horror
horse	noun	o cavalo
hospital	noun	o hospital
host	noun	O hospedeiro
host	verb	hospedar
hostage	noun	o refém
hostile	adj	hostil
hostility	noun	a hostilidade
hot	adj	quente
hotel	noun	o hotel
hour	noun	a hora
house	noun	a casa
house	verb	para casa
household	noun	a casa
housewife	noun	a dona de casa
housing	noun	o alojamento
how	adv	Como
however	adv	Contudo

hp	noun	o hp
huge	adj	imenso
human	noun	o humano
human	adj	humano
humanity	noun	a humanidade
humour	noun	o humor
hundred	noun	os cem
hunger	noun	a fome
hungry	adj	com fome
hunt	noun	a caça
hunt	verb	caçar
hunting	noun	a caça
hurry	verb	apressar
hurt	verb	magoar
husband	noun	o marido
hut	noun	cabana
hydrogen	noun	o hidrogénio
hypothesis	noun	a hipótese
i.e.	adv	isto é
ice	noun	o gelo
idea	noun	a ideia
ideal	noun	o ideal
ideal	adj	ideal
ideally	adv	Perfeito
identical	adj	idêntico
identification	noun	a identificação
identify	verb	para identificar
identity	noun	a identidade
ideological	adj	ideológico
ideology	noun	a ideologia
ie	adv	isto é
ignorance	noun	a ignorância
ignore	verb	ignorar
ill	adj	doente
illegal	adj	ilegal
illness	noun	a doença
illusion	noun	a ilusão

illustrate	verb	ilustrar
illustration	noun	a ilustração
image	noun	a imagem
imagination	noun	a imaginação
imaginative	adj	figurativo
imagine	verb	imaginar
immediate	adj	instante
immediately	adv	imediatamente
immense	adj	imenso
immigration	noun	a imigração
impact	noun	o impacto
imperial	adj	imperial
implement	verb	implementar
implementation	noun	a implementação
implication	noun	a implicação
implicit	adj	implícito
imply	verb	implicar
import	noun	a importação
import	verb	importar
importance	noun	a importância
important	adj	importante
importantly	adv	importante
impose	verb	Obrigar
impossible	adj	impossível
impress	verb	impressionar
impressed	adj	impressionado
impression	noun	A impressão
impressive	adj	impressionante
imprisonment	noun	a prisão
improve	verb	melhorar
improved	adj	melhorado
improvement	noun	o melhoramento
impulse	noun	o impulso
in	verb	para em
in	adv	às
in addition	adv	além do que, além do mais

in general	adv	Principalmente
in part	adv	parcialmente
in particular	adv	em particular
in short	adv	brevemente falando
inability	noun	a incapacidade
inadequate	adj	inadequado
inappropriate	adj	inapropriado
inc	adj	em
incentive	noun	o incentivo
inch	noun	a polegada
incidence	noun	a incidência
incident	noun	o incidente
incidentally	adv	a propósito
inclined	adj	inclinado
include	verb	incluir
inclusion	noun	a inclusão
income	noun	a renda
incorporate	verb	incorporar
increase	noun	o aumento
increase	verb	para aumentar
increased	adj	cresceu
increasing	adj	elevado
increasingly	adv	mais e mais
incredible	adj	incrível
incur	verb	a incorrer
indeed	adv	direita
independence	noun	a independência
independent	adj	independente
independently	adv	tanto faz
index	noun	o índice
indian	noun	o índio
indian	adj	indiano
indicate	verb	indicar
indication	noun	a indicação
indicator	noun	o indicador
indirect	adj	indireto

indirectly	adv	indiretamente
individual	noun	o indivíduo
individual	adj	Individual
individually	adv	separadamente
induce	verb	para induzir
indulge	verb	entregar-se
industrial	adj	industrial
industry	noun	a industria
inequality	noun	a desigualdade
inevitable	adj	inevitável
inevitably	adv	inevitavelmente
infant	noun	a criança
infection	noun	a infecção
inflation	noun	a inflação
inflict	verb	infligir
influence	noun	a influência
influence	verb	influenciar
influential	adj	influente
inform	verb	para informar
informal	adj	informal
information	noun	a informação
infrastructure	noun	a infraestrutura
ingredient	noun	o ingrediente
inhabitant	noun	o habitante
inherent	adj	intrínseco
inherit	verb	herdar
inheritance	noun	a herança
inhibit	verb	inibir
initial	adj	inicial
initially	adv	inicialmente
initiate	verb	iniciar
initiative	noun	a iniciativa
inject	verb	injectar
injection	noun	a injeção
injunction	noun	a injunção
injure	verb	ferir
injured	adj	ferido

injury	noun	a lesão
inland	adj	interior
inn	noun	A pousada
inner	adj	interior
innocent	adj	inocente
innovation	noun	a inovação
innovative	adj	Inovativa
input	noun	a entrada
inquiry	noun	o inquérito
insect	noun	o inseto
insert	verb	inserir
inside	noun	o interior
inside	adv	dentro
insider	noun	o insider
insight	noun	o insight
insist	verb	insistir
inspect	verb	inspecionar
inspection	noun	a inspeção
inspector	noun	o inspetor
inspiration	noun	a inspiração
inspire	verb	inspirar
install	verb	para instalar
installation	noun	a instalação
instance	noun	a instância
instant	adj	instantâneo
instantly	adv	imediatamente
instead	adv	em vez de
instinct	noun	o instinto
institute	noun	o Instituto
institution	noun	A instituição
institutional	adj	institucional
instruct	verb	para instruir
instruction	noun	a instrução
instrument	noun	o instrumento
insufficient	adj	insuficiente
insurance	noun	o seguro
insure	verb	para segurar

intact	adj	intacto
intake	noun	a ingestão
integral	adj	integrante
integrate	verb	integrar
integrated	adj	integrado
integration	noun	a integração
integrity	noun	a integridade
intellectual	noun	o intelectual
intellectual	adj	intelectual
intelligence	noun	a inteligência
intelligent	adj	inteligente
intend	verb	pretender
intense	adj	intensivo
intensity	noun	a intensidade
intensive	adj	intensivo
intent	noun	a intenção
intention	noun	a intenção
interaction	noun	a interação
interest	noun	o interesse
interested	adj	interessado
interesting	adj	interessante
interface	noun	a interface
interfere	verb	interferir
interference	noun	a interferência
interim	adj	intermediário
interior	noun	o interior
interior	adj	interior
intermediate	adj	intermediário
internal	adj	interior
international	adj	Internacional
interpret	verb	interpretar
interpretation	noun	a interpretação
interrupt	verb	interromper
interval	noun	o intervalo
intervene	verb	intervir
intervention	noun	A intervenção
interview	noun	a entrevista

interview	verb	entrevistar
intimate	adj	íntimo
introduce	verb	para apresentar
introduction	noun	a introdução
invade	verb	invadir
invariably	adv	invariavelmente
invasion	noun	a invasão
invent	verb	inventar
invention	noun	a invenção
invest	verb	investir
investigate	verb	investigar
investigation	noun	a investigação
investigator	noun	o investigador
investment	noun	o investimento
investor	noun	o investidor
invisible	adj	invisível
invitation	noun	o convite
invite	verb	convidar
invoke	verb	invocar
involve	verb	envolver
involved	adj	está envolvido
involvement	noun	o envolvimento
iraqi	adj	iraquiano
irish	adj	irlandês
iron	noun	o ferro
irony	noun	a ironia
irrelevant	adj	irrelevante
islamic	adj	islâmico
Island	noun	a ilha
isle	noun	a ilha
isolate	verb	isolar
isolated	adj	isolado
isolation	noun	o isolamento
israeli	adj	israelense
issue	noun	o problema
issue	verb	emitir
it	noun	o que

italian	noun	o italiano
italian	adj	italiano
item	noun	o item
jacket	noun	a jaqueta
jail	noun	a cadeia
jam	noun	a compota
japanese	noun	o japonês
japanese	adj	japonês
jar	noun	o jarro
jaw	noun	a mandíbula
jazz	noun	o jazz
jeans	noun	os jeans
jet	noun	o jato
jew	noun	o judeu
jewellery	noun	as joias
jewish	adj	judaico
job	noun	o emprego
join	verb	para juntar
joint	noun	a articulação
joint	adj	articulação
jointly	adv	juntos
joke	noun	a piada
joke	verb	zoar
journal	noun	o jornal
journalist	noun	o jornalista
journey	noun	a jornada
joy	noun	a alegria
judge	noun	o juiz
judge	verb	julgar
judgement	noun	o julgamento
judgment	noun	o julgamento
judicial	adj	judicial
juice	noun	o suco
jump	verb	saltar
junction	noun	a junção
jungle	noun	a selva
junior	adj	mais jovem

jurisdiction	noun	a jurisdição
jury	noun	o júri
just	adj	avião
just	adv	simplesmente
just about	adv	só sobre
justice	noun	a Justiça
justification	noun	a justificativa
justify	verb	justificar
keen	adj	agudo
keep	verb	manter
keeper	noun	o guardião
key	noun	a chave
key	adj	chave
keyboard	noun	o teclado
kick	noun	o chute
kick	verb	chutar
kid	noun	o garoto
kill	verb	matar
killer	noun	o assassino
killing	noun	a matança
kilometre	noun	o quilómetro
kind	noun	o tipo
kind	adj	tipo
king	noun	o rei
kingdom	noun	o Reino
kiss	noun	o beijo
kiss	verb	beijar
kit	noun	o kit
kitchen	noun	a cozinha
km	noun	o km
knee	noun	o joelho
kneel	verb	ajoelhar-se
knife	noun	a faca
knight	noun	o cavaleiro
knit	verb	tricotar
knitting	noun	o tricot
knock	verb	bater

knot	noun	o nó
know	verb	saber
knowledge	noun	o conhecimento
known	adj	famoso
korean	adj	coreano
lab	noun	o laboratório
label	noun	o rótulo
label	verb	para rotular
laboratory	noun	o laboratório
labour	noun	o trabalho
labour	adj	trabalhando
lace	noun	o laço
lack	noun	a falta
lack	verb	faltar
lad	noun	o rapaz
ladder	noun	a escada
lady	noun	A dama
Lake	noun	o lago
lamb	noun	o cordeiro
lamp	noun	a lâmpada
land	noun	a terra
land	verb	pousar
landing	noun	o desembarque
landlord	noun	o senhorio
landowner	noun	o proprietário
landscape	noun	a paisagem
lane	noun	a pista
language	noun	o idioma
lap	noun	o colo
large	adj	grande
largely	adv	de várias maneiras
large-scale	adj	grande escala
laser	noun	o laser
last	verb	durar
late	adj	atrasado
late	adv	atrasado
later	adv	então

latin	adj	Latim
laugh	noun	A risada
laugh	verb	rir
laughter	noun	a risada
launch	noun	o lançamento
launch	verb	lançar
law	noun	a lei
lawn	noun	o gramado
lawyer	noun	O advogado
lay	verb	deitar
layer	noun	A camada
layout	noun	o layout
lb	noun	o lb
lead	noun	a liderança
lead	verb	liderar
leader	noun	o líder
leadership	noun	a liderança
leading	adj	conduzindo
leaf	noun	a folha
leaflet	noun	o folheto
league	noun	a Liga
lean	verb	inclinar
leap	verb	pular
learn	verb	aprender
learner	noun	o aprendiz
learning	noun	A aprendizagem
lease	noun	O arrendamento
least	adv	menos
leather	noun	o couro
leave	noun	a licença
leave	verb	deixar
lecture	noun	a palestra
lecturer	noun	o palestrante
left	noun	a esquerda
left	adj	remanescente
leg	noun	a perna
legacy	noun	o legado

legal	adj	legal
legally	adv	legalmente
legend	noun	a lenda
legislation	noun	a legislação
legislative	adj	legislativo
legitimate	adj	lei
leisure	noun	o lazer
lemon	noun	o limão
lend	verb	emprestar
length	noun	O comprimento
lengthy	adj	longo
less	adv	Menos
less than	adv	Menor que
lesser	adj	Menos
lesson	noun	a lição
let	verb	deixar
let_'s	**verb**	**para let_'s**
letter	noun	a carta
level	noun	o nível
level	verb	nivelar
level	adj	alinhado
lexical	adj	lexical
liability	noun	a responsabilidade
liable	adj	sujeito a
liaison	noun	a ligação
liberal	noun	o liberal
liberal	adj	liberal
liberation	noun	a libertação
liberty	noun	a liberdade
librarian	noun	o bibliotecário
library	noun	a biblioteca
licence	noun	a licença
lid	noun	a tampa
lie	noun	a mentira
lie	verb	mentir
lieutenant	noun	o tenente
life	noun	a vida

lifespan	noun	a duração da vida
lifestyle	noun	o estilo de vida
lifetime	noun	a vida
lift	noun	o elevador
lift	verb	levantar
light	noun	a luz
light	verb	acender
light	adj	cor clara
lighting	noun	a iluminação
lightly	adv	levemente
like	verb	gostar
like	adj	gostar
like	adv	gostar
likelihood	noun	a probabilidade
likely	adj	gostar
likewise	adv	Além disso
limb	noun	o membro
limit	noun	o limite
limit	verb	limitar
limitation	noun	a limitação
limited	adj	limitado
line	noun	a linha
line	verb	para a linha
linear	adj	linear
linguistic	adj	linguístico
link	noun	a ligação
link	verb	vincular
lion	noun	o Leão
lip	noun	o lábio
liquid	noun	o liquido
liquid	adj	líquido
list	noun	a lista
list	verb	listar
listen	verb	ouvir
listener	noun	o ouvinte
listing	noun	a listagem
literally	adv	literalmente

literary	adj	literário
literature	noun	a literatura
little	adj	pouco
little	adv	Pouco
live	verb	viver
live	adj	vivo
lively	adj	animado
liver	noun	o fígado
living	noun	a vida
living	adj	vivo
load	noun	A carga
load	verb	carregar
loan	noun	o empréstimo
lobby	noun	o lobby
local	noun	o local
local	adj	local
locality	noun	a localidade
locally	adv	localmente
locate	verb	localizar
location	noun	a localização
loch	noun	o lago
lock	noun	a fechadura
lock	verb	trancar
locomotive	noun	a locomotiva
lodge	noun	a loja
lodge	verb	alojar
log	noun	o registro
logic	noun	a lógica
logical	adj	lógico
lonely	adj	Sozinho
long	verb	longo
long	adj	longo
long	adv	longo
longer	adv	mais longo
long-term	adj	longo prazo
look	noun	o olhar
look	verb	olhar

loop	noun	o loop
loose	adj	perder
lord	noun	o Senhor
lordship	noun	a senhoria
lorry	noun	O camião
lose	verb	perder
loss	noun	a perda
lost	adj	Perdido
lot	noun	o lote
loud	adj	alto
loudly	adv	alto
lounge	noun	salão
love	noun	o amor
love	verb	amar
lovely	adj	bonita
lover	noun	o amante
low	adj	baixo
lower	verb	abaixar
loyal	adj	direita
loyalty	noun	a lealdade
ltd	adj	Ltd
luck	noun	a sorte
lucky	adj	por sorte
lump	noun	o caroço
lunch	noun	O almoço
lung	noun	o pulmão
luxury	noun	o luxo
m	noun	eles
machine	noun	a máquina
machinery	noun	a maquinaria
mad	adj	insano
madame	noun	a madame
magazine	noun	a revista
magic	noun	a mágica
magic	adj	mágico
magistrate	noun	o magistrado
magnetic	adj	magnético

magnificent	adj	ótimo
magnitude	noun	a magnitude
maid	noun	a empregada
mail	noun	o Correio
main	adj	a Principal
mainframe	noun	o computador central
mainland	noun	o continente
mainly	adv	principalmente
maintain	verb	manter
maintenance	noun	A manutenção
majesty	noun	a majestade
major	noun	o maior
major	adj	ampla
majority	noun	a maioria
make	verb	fazer
maker	noun	o criador
make-up	noun	a maquilhagem
making	noun	a tomada
male	noun	o masculino
male	adj	masculino
mammal	noun	o mamífero
man	noun	o homem
manage	verb	gerenciar
management	noun	a gerência
manager	noun	o gerente
managerial	adj	gerencial
managing	adj	ao controle
manipulate	verb	manipular
manner	noun	a maneira
manor	noun	a mansão
manual	noun	o manual
manual	adj	manual
manufacture	noun	o fabrico
manufacture	verb	manufaturar
manufacturer	noun	O manufatureiro
manufacturing	noun	a fabricação

manuscript	noun	o manuscrito
map	noun	o mapa
marble	noun	o mármore
march	noun	a marcha
march	verb	para Março
margin	noun	A margem
marginal	adj	marginal
marine	adj	náutico
mark	noun	a marca
mark	verb	marcar
marked	adj	marcado
marker	noun	o marcador
market	noun	o mercado
market	verb	comercializar
marketing	noun	A propaganda
marriage	noun	o casamento
married	adj	casado
marry	verb	casar
marvellous	adj	maravilhoso
marxist	adj	marxista
mask	noun	a mascára
mass	noun	a massa
mass	adj	massa
massive	adj	maciço
master	noun	O mestre
match	noun	o jogo
match	verb	combinar
mate	noun	o companheiro
material	noun	o material
mathematical	adj	matemático
mathematics	noun	a matemática
matrix	noun	o Matrix
matter	noun	a matéria
matter	verb	importar
mature	adj	maduro
maturity	noun	a maturidade
maximum	noun	o máximo

maximum	adj	máximo
may	verb	poder
maybe	adv	talvez
mayor	noun	o prefeito
meal	noun	a refeição
mean	verb	significar
mean	adj	ávido
meaning	noun	o significado
meaningful	adj	significativo
means	noun	o significado
meantime	noun	entretanto
meanwhile	adv	Enquanto isso
measure	noun	a medida
measure	verb	medir
measurement	noun	a medida
meat	noun	a carne
mechanic	noun	o mecânico
mechanical	adj	mecânico
mechanism	noun	o mecanismo
medal	noun	a medalha
medical	adj	médico
medicine	noun	o remédio
medieval	adj	medieval
medium	noun	o médio
meet	verb	encontrar
meeting	noun	a reunião
melt	verb	derreter
member	noun	o membro
membership	noun	a associação
membrane	noun	a membrana
memorandum	noun	o memorando
memorial	noun	o memorial
memory	noun	a memória
mental	adj	mental
mentally	adv	mentalmente
mention	noun	a menção
mention	verb	mencionar

menu	noun	o cardápio
merchant	noun	o comerciante
mercy	noun	a misericórdia
mere	adj	avião
merely	adv	simplesmente
merge	verb	fundir
merger	noun	a fusão
merit	noun	o mérito
mess	noun	a confusão
message	noun	a mensagem
metal	noun	o metal
metaphor	noun	a metáfora
method	noun	o método
methodology	noun	a metodologia
metre	noun	o medidor
metropolitan	adj	central
mid	adj	meio
middle	noun	o meio
middle	adj	meio
middle-class	adj	classe média
midnight	noun	a meia noite
might	verb	poder
mighty	adj	poderoso
migration	noun	a migração
mild	adj	menor
mile	noun	a milha
military	adj	militares
milk	noun	o leite
mill	noun	o moinho
million	noun	o milhão
min	noun	o min
mind	noun	a mente
mind	verb	ter em mente
mine	noun	a mina
miner	noun	o mineiro
mineral	noun	o mineral
minimal	adj	mínimo

minimum	noun	o mínimo
minimum	adj	mínimo
mining	noun	a mineração
minister	noun	o ministro
ministerial	adj	ministerial
ministry	noun	o Ministério
minor	adj	menor
minority	noun	a minoria
minute	noun	O minuto
miracle	noun	o milagre
mirror	noun	o espelho
miserable	adj	infeliz
misery	noun	a miséria
misleading	adj	enganoso
miss	noun	a perda
miss	verb	para faltar
missile	noun	o míssil
missing	adj	ausência de
mission	noun	a missão
mist	noun	a névoa
mistake	noun	o erro
mistake	verb	Errar
mister	noun	o senhor
mistress	noun	a amante
mix	noun	A mistura
mix	verb	misturar
mixed	adj	**misturado**
mixture	noun	a mistura
ml	noun	o ml
mm	noun	o mm
mobile	adj	Móvel
mobility	noun	a mobilidade
mode	noun	o modo
model	noun	o modelo
model	verb	modelar
moderate	adj	**moderado**
modern	adj	moderno

modest	adj	modesto
modification	noun	a modificação
modify	verb	para modificar
module	noun	o módulo
molecular	adj	molecular
molecule	noun	a molécula
moment	noun	o momento
monarch	noun	o monarca
monarchy	noun	a monarquia
monetary	adj	monetário
money	noun	o dinheiro
monitor	noun	o monitor
monitor	verb	monitorar
monitoring	noun	o monitoramento
monk	noun	o monge
monkey	noun	o macaco
monopoly	noun	o monopólio
monster	noun	o monstro
month	noun	o mês
monthly	adj	por mês
monument	noun	o monumento
mood	noun	o humor
moon	noun	a lua
moor	noun	a charneca
moral	adj	moral
morale	noun	a moral
morality	noun	a moralidade
more	adv	Mais
more than	adv	mais que
moreover	adv	Além disso
morning	noun	a manhã
mortality	noun	a mortalidade
mortgage	noun	a hipoteca
mosaic	noun	o mosaico
most	adv	a maioria
mostly	adv	principalmente
mother	noun	a mãe

motif	noun	o motivo
motion	noun	o movimento
motivate	verb	motivar
motivation	noun	a motivação
motive	noun	o motivo
motor	noun	o motor
motorway	noun	a auto-estrada
mould	noun	o molde
mount	noun	o monte
mount	verb	montar
Mountain	noun	a montanha
mouse	noun	o rato
mouth	noun	a boca
move	noun	o movimento
move	verb	mover
movement	noun	o movimento
movie	noun	o filme
mp	noun	o mp
mps	noun	os deputados
Mrs	noun	a senhora
Ms	noun	a senhora
much	adv	Muito de
mucosa	noun	a mucosa
mud	noun	a lama
mug	noun	a caneca
multiple	adj	múltiplo
multiply	verb	multiplicar
mum	noun	a mãe
mummy	noun	a mamãe
murder	noun	o assassinato
murder	verb	matar
murderer	noun	o assassino
murmur	verb	murmurar
muscle	noun	o músculo
museum	noun	o Museu
music	noun	a música
musical	adj	musical

musician	noun	o músico
must	verb	dever
mutter	verb	a murmurar
mutual	adj	mútuo
mysterious	adj	misterioso
mystery	noun	o mistério
myth	noun	o mito
nail	noun	a unha
naked	adj	nu
name	noun	o nome
name	verb	nomear
namely	adv	nomeadamente
narrative	noun	a narrativa
narrow	verb	estreitar
narrow	adj	limitar
nasty	adj	desagradável
nation	noun	a nação
national	adj	Nacional
nationalism	noun	o nacionalismo
nationalist	noun	o nacionalista
nationality	noun	a nacionalidade
native	adj	nativo
natural	adj	natural
naturally	adv	naturalmente
nature	noun	a natureza
naval	adj	naval
navy	noun	a Marinha
near	adj	Fechar
near	adv	sobre
nearby	adj	Fechar
nearby	adv	próximo
nearly	adv	sobre
neat	adj	ordenadamente
neatly	adv	ordenadamente
necessarily	adv	necessariamente
necessary	adj	desejado
necessity	noun	a necessidade

neck	noun	o pescoço
need	noun	a necessidade
need	verb	precisar
need	verb	precisar
needle	noun	a agulha
negative	adj	negativo
neglect	verb	neglicenciar
negligence	noun	a negligência
negotiate	verb	negociar
negotiation	noun	a negociação
neighbour	noun	o vizinho
neighbourhood	noun	A Vizinhança
neighbouring	adj	próximo
neither	adv	nem
nerve	noun	o nervo
nervous	adj	nervoso
nest	noun	o ninho
net	noun	a rede
net	adj	rede
network	noun	a rede
neutral	adj	neutro
never	adv	Nunca
nevertheless	adv	Não obstante
new	adj	Novo
newcomer	noun	o recém-chegado
newly	adv	novamente
news	noun	as notícias
newspaper	noun	o jornal
nice	adj	agradável
night	noun	a noite
nightmare	noun	o pesadelo
no	noun	o não
no	adv	não
no doubt	adv	sem dúvida
no longer	adv	nunca mais
no matter how	adv	não importa como
noble	adj	nobre

nod	verb	assentir
node	noun	o nó
noise	noun	o barulho
noisy	adj	barulhento
nominate	verb	nomear
nonetheless	adv	Não obstante
nonsense	noun	o absurdo
norm	noun	a norma
normal	adj	normal
normally	adv	usualmente
north	noun	o norte
north-east	noun	o Nordeste
northern	adj	norte
north-west	noun	o noroeste
nose	noun	o nariz
notable	adj	notável
notably	adv	especial
note	noun	a anotação
note	verb	anotar
notebook	noun	o caderno
notice	noun	a notícia
notice	verb	perceber
notion	noun	a noção
novel	noun	o romance
novel	adj	Novo
now	adv	agora
nowadays	adv	Hoje em dia
nowhere	adv	lugar algum
nuclear	adj	nuclear
nuisance	noun	o incómodo
number	noun	o número
numerous	adj	numerosos
nurse	noun	a enfermeira
nursery	noun	a enfermaria
nursing	noun	a enfermagem
nursing	adj	Cuidado
nut	noun	a noz

oak	noun	o carvalho
obey	verb	obedecer
object	noun	o objeto
object	verb	objetar
objection	noun	a objeção
objective	noun	O objetivo
objective	adj	objetivo
obligation	noun	A obrigação
obliged	adj	obrigado
obscure	verb	obscurecer
observation	noun	a observação
observe	verb	Observar
observer	noun	o observador
obstacle	noun	o obstáculo
obtain	verb	obter
obvious	adj	evidente
obviously	adv	obviamente
occasion	noun	a ocasião
occasional	adj	aleatória
occasionally	adv	ocasionalmente
occupation	noun	A ocupação
occupational	adj	profissional
occupy	verb	para ocupar
occur	verb	ocorrer
occurrence	noun	a ocorrência
ocean	noun	o oceano
o'clock	adv	hora
odd	adj	estranho
odds	noun	as probabilidades
of course	adv	claro
off	adv	de
offence	noun	a ofensa
offender	noun	o ofensor
offer	noun	a oferta
offer	verb	oferecer
offering	noun	a oferta
office	noun	o escritório

officer	noun	O oficial
official	noun	O oficial
official	adj	oficial
officially	adv	oficialmente
offset	verb	para compensar
often	adv	frequentemente
oil	noun	o óleo
ok	adj	Boa
ok	adv	Boa
okay	adj	Boa
okay	adv	OK
old	adj	velho
old-fashioned	adj	antiquado
olympic	adj	olímpico
omit	verb	omitir
on	adv	no
on board	adv	a bordo
once	adv	uma vez
once again	adv	novamente
once more	adv	novamente
one	noun	único
onion	noun	a cebola
only	adj	só
only	adv	só
onwards	adv	Mais longe
open	verb	abrir
open	adj	aberto
opening	noun	a abertura
openly	adv	aberto
opera	noun	a ópera
operate	verb	operar
operating	noun	o funcionamento
operation	noun	a operação
operational	adj	operacional
operator	noun	o operador
opinion	noun	a opinião
opponent	noun	o oponente

opportunity	noun	a oportunidade
oppose	verb	opor-se
opposite	noun	o oposto
opposite	adj	oposto
opposition	noun	a oposição
opt	verb	Optar
optimistic	adj	otimista
option	noun	a opção
oral	adj	oral
orange	noun	a laranja
orange	adj	laranja
orchestra	noun	a Orquestra
order	noun	a ordem
order	verb	pedir
ordinary	adj	habitual
organ	noun	O órgão
organic	adj	orgânico
organisation	noun	a organização
organisational	adj	organizacional
organise	verb	organizar
organiser	noun	o organizador
organism	noun	o organismo
organization	noun	a organização
organize	verb	organizar
orientation	noun	a orientação
origin	noun	a origem
original	adj	original
originally	adv	inicialmente
originate	verb	originar
orthodox	adj	ortodoxo
other	noun	o outro
other	adj	De outros
otherwise	adv	de outra forma
ought	verb	deveria
out	adv	fora de
outbreak	noun	o surto
outcome	noun	o resultado

outdoor	adj	externo
outer	adj	externo
outfit	noun	a roupa
outlet	noun	a tomada
outline	noun	o contorno
outline	verb	delinear
outlook	noun	a perspetiva
output	noun	a saída
outside	adj	exterior
outside	adv	lado de fora
outsider	noun	o outsider
outstanding	adj	excepcional
oven	noun	o forno
over	adv	sobre
over there	adv	lá
overall	adj	geralmente
overall	adv	geralmente
overcome	verb	superar
overlook	verb	ignorar
overnight	adv	Durante a noite
overseas	adj	**estrangeiro**
overseas	adv	no exterior
overwhelming	adj	esmagador
owe	verb	dever
owl	noun	a coruja
own	verb	possuir
owner	noun	o dono
ownership	noun	a propriedade
oxygen	noun	o oxigênio
ozone	noun	o ozono
pace	noun	o ritmo
pack	noun	o pacote
pack	verb	fazer as malas
package	noun	o pacote
packet	noun	o pacote
pact	noun	o pacto
pad	noun	a almofada

page	noun	a página
pain	noun	a dor
painful	adj	doloroso
paint	noun	a pintura
paint	verb	pintar
painter	noun	o pintor
painting	noun	a pintura
pair	noun	o par
palace	noun	o Palácio
pale	adj	pálido
palestinian	adj	palestino
palm	noun	a palma
pan	noun	a panela
panel	noun	o painel
panic	noun	o pânico
paper	noun	o papel
para	noun	o para
parade	noun	o desfile
paragraph	noun	O parágrafo
parallel	noun	o paralelo
parallel	adj	paralelo
parameter	noun	o parâmetro
parcel	noun	a parcela
pardon	noun	o perdão
parent	noun	o pai
parental	adj	parental
parish	noun	a paróquia
park	noun	o Parque
park	verb	estacionar
parking	noun	o estacionamento
parliament	noun	o Parlamento
parliamentary	adj	parlamentar
part	noun	a parte
part	verb	partir
partial	adj	parcial
partially	adv	parcialmente
participant	noun	o participante

participate	verb	participar
participation	noun	a participação
particle	noun	a partícula
particular	adj	específico
particularly	adv	em particular
partly	adv	parcialmente
partner	noun	o parceiro
partnership	noun	a parceria
part-time	adj	subemprego
party	noun	a festa
pass	noun	o passe
pass	verb	passar
passage	noun	a passagem
passenger	noun	o passageiro
passing	adj	passagem
passion	noun	a paixão
passive	adj	passiva
passport	noun	o passaporte
past	noun	o passado
past	adj	último
past	adv	passado
patch	noun	o remendo
patent	noun	a patente
path	noun	o caminho
patience	noun	a paciência
patient	noun	o paciente
patient	adj	paciente
patrol	noun	a patrulha
patron	noun	o patrono
pattern	noun	o padrão
pause	noun	a pausa
pause	verb	pausar
pavement	noun	O pavimento
pay	noun	o pagamento
pay	verb	pagar
payable	adj	pago
payment	noun	o pagamento

pc	noun	o pc
peace	noun	a paz
peaceful	adj	**pacífico**
peak	noun	o pico
peasant	noun	o camponês
peculiar	adj	peculiar
peer	noun	o par
peer	verb	espiar
pen	noun	a caneta
penalty	noun	a penalidade
pence	noun	o pence
pencil	noun	o lápis
penetrate	verb	penetrar
penny	noun	o centavo
pension	noun	a pensão
pensioner	noun	o pensionista
people	noun	as pessoas
pepper	noun	a pimenta
perceive	verb	perceber
percent	noun	o percent
percent	noun	a porcentagem
percentage	noun	a porcentagem
perception	noun	a percepção
perfect	adj	ideal
perfectly	adv	perfeitamente
perform	verb	atuar
performance	noun	o desempenho
performer	noun	o artista
perhaps	adv	possivelmente
period	noun	o período
permanent	adj	constante
permanently	adv	constantemente
permission	noun	a permissão
permit	verb	permitir
persist	verb	persistir
persistent	adj	persistente
person	noun	a pessoa

personal	adj	privado
personality	noun	a personalidade
personally	adv	pessoalmente
personnel	noun	o pessoal
perspective	noun	a perspectiva
persuade	verb	persuadir
pet	noun	o animal de estimação
petition	noun	a petição
petrol	noun	a gasolina
ph	noun	o ph
phase	noun	a fase
phenomenon	noun	o fenomeno
philosopher	noun	o filósofo
philosophical	adj	filosófico
philosophy	noun	A filosofia
phone	noun	o telefone
phone	verb	Telefonar
photo	noun	a foto
photograph	noun	a foto
photographer	noun	o fotógrafo
photography	noun	a fotografia
phrase	noun	a frase
physical	adj	fisica
physically	adv	fisicamente
physics	noun	a física
piano	noun	o piano
pick	verb	escolher
picture	noun	a imagem
picture	verb	imaginar
pie	noun	a torta
piece	noun	a peça
pier	noun	o cais
pig	noun	o porco
pile	noun	a pilha
pile	verb	empilhar
pill	noun	a pílula

pillar	noun	o pilar
pillow	noun	o travesseiro
pilot	noun	o piloto
pin	noun	o pino
pin	verb	fixar
pine	noun	o pinheiro
pink	adj	Rosa
pint	noun	a cerveja
pipe	noun	o cano
pit	noun	o pit
pitch	noun	o arremesso
pity	noun	a pena
place	noun	o lugar
place	verb	colocar
placement	noun	a colocação
plain	noun	o plano
plain	adj	suave
plaintiff	noun	o autor
plan	noun	o plano
plan	verb	planejar
plane	noun	o avião
planet	noun	o planeta
planned	adj	planejado
planner	noun	o planejador
planning	noun	o planejamento
plant	noun	a planta
plant	verb	plantar
plastic	noun	o plástico
plate	noun	o prato
platform	noun	a plataforma
play	noun	O jogo
play	verb	jogar
player	noun	o jogador
plc	noun	o plc
plea	noun	o fundamento
plead	verb	suplicar
pleasant	adj	agradável

please	verb	agradar
please	adv	de nada
pleased	adj	satisfeito
pleasure	noun	o prazer
pledge	verb	penhorar
plot	noun	o enredo
plot	verb	tramar
plunge	verb	mergulhar
pm	adv	à noite
pocket	noun	o bolso
poem	noun	o poema
poet	noun	o poeta
poetry	noun	a poesia
point	noun	o ponto
point	verb	apontar
poison	noun	o veneno
pole	noun	o pólo
police	noun	a polícia
policeman	noun	o policial
policy	noun	a política
polish	adj	polonês
polite	adj	educado
political	adj	político
politically	adv	politicamente
politician	noun	O político
politics	noun	A política
poll	noun	a enquete
pollution	noun	a poluição
polymer	noun	o polímero
polytechnic	noun	o politécnico
pond	noun	a lagoa
pony	noun	o pónei
pool	noun	a piscina
poor	adj	pobre
pop	noun	o pop
pop	verb	pop
pope	noun	o Papa

popular	adj	popular
popularity	noun	a popularidade
population	noun	a população
port	noun	o Porto
portfolio	noun	O portfólio
portion	noun	A porção
portrait	noun	o retrato
pose	verb	posar
position	noun	a posição
position	verb	posicionar
positive	adj	positivo
positively	adv	positivamente
possess	verb	Possuir
possession	noun	a posse
possibility	noun	a possibilidade
possible	adj	possível
possibly	adv	possivelmente
post	noun	o post
poster	noun	o poster
postpone	verb	adiar
post-war	adj	Pós-guerra
pot	noun	o pote
potato	noun	a batata
potential	noun	o potencial
potential	adj	potencial
potentially	adv	potencialmente
pound	noun	a libra
pound	noun	a libra
pound	noun	a libra
pour	verb	derramar
poverty	noun	a pobreza
powder	noun	A pólvora
power	noun	o poder
powerful	adj	poderoso
pp	noun	o pp
practical	adj	prático
practically	adv	praticamente

practice	noun	a prática
practise	verb	praticar
practitioner	noun	o praticante
praise	noun	o louvor
praise	verb	dar elogios
pray	verb	para rezar
prayer	noun	a oração
preach	verb	pregar
precede	verb	preceder
precedent	noun	o precedente
precious	adj	precioso
precise	adj	preciso
precisely	adv	com certeza
precision	noun	a precisão
predator	noun	o predador
predecessor	noun	o antecessor
predict	verb	prever
prediction	noun	a previsão
predominantly	adv	predominantemente
prefer	verb	preferir
preference	noun	a preferência
preferred	adj	preferido
pregnancy	noun	a gravidez
pregnant	adj	grávida
prejudice	noun	o preconceito
preliminary	adj	preliminares
premier	adj	o primeiro
premise	noun	a premissa
premium	noun	o prêmio
preparation	noun	a preparação
prepare	verb	preparar
prepared	adj	preparado
prescribe	verb	prescrever
prescription	noun	a prescrição
presence	noun	a presença
present	noun	o presente

present	verb	apresentar
present	adj	presente
presentation	noun	a apresentação
preservation	noun	a preservação
preserve	verb	preservar
presidency	noun	a presidência
president	noun	o presidente
presidential	adj	presidencial
press	noun	a imprensa
press	verb	pressionar
pressure	noun	a pressão
presumably	adv	supostamente
presume	verb	presumir
pretend	verb	fingir
pretty	adj	bonita
pretty	adv	bonita
prevail	verb	prevalecer
prevent	verb	prevenir
prevention	noun	a prevenção
previous	adj	anterior
previously	adv	preliminarmente
prey	noun	a presa
price	noun	o preço
price	verb	ao preço
pride	noun	o orgulho
priest	noun	o padre
primarily	adv	principalmente
primary	noun	as primárias
primary	adj	primário
prime	adj	número primo
primitive	adj	primitivo
prince	noun	o príncipe
princess	noun	a princesa
principal	noun	o principal
principal	adj	a Principal
principle	noun	o princípio
print	noun	A impressão

print	verb	imprimir
printed	adj	impresso
printer	noun	a impressora
printing	noun	a impressão
prior	adj	precedente
priority	noun	a prioridade
prison	noun	a prisão
prisoner	noun	o prisioneiro
privacy	noun	a privacidade
private	adj	privado
privately	adv	em particular
privatisation	noun	a privatização
privilege	noun	o privilégio
prize	noun	o prêmio
probability	noun	a probabilidade
probable	adj	provável
probably	adv	provavelmente
probe	noun	a sonda
problem	noun	o problema
procedure	noun	o procedimento
proceed	noun	o proceder
proceed	verb	prosseguir
proceeding	noun	o processo
process	noun	o processo
process	verb	processar
processing	noun	o processamento
processor	noun	o processador
proclaim	verb	proclamar
produce	verb	para produzir
producer	noun	o produtor
product	noun	o produto
production	noun	a produção
productive	adj	produtivo
productivity	noun	a produtividade
profession	noun	a profissão
professional	noun	o profissional
professional	adj	profissional

professor	noun	o professor
profile	noun	o perfil
profit	noun	o lucro
profitable	adj	custo-beneficio
profound	adj	profundo
program	noun	o programa
programme	noun	o programa
programming	noun	a programação
progress	noun	o progresso
progress	verb	para progredir
progressive	adj	progressivo
prohibit	verb	proibir
project	noun	o projeto
project	verb	projetar
projection	noun	a projeção
prominent	adj	proeminente
promise	noun	a promessa
promise	verb	prometer
promising	adj	perspectiva
promote	verb	promover
promoter	noun	o promotor
promotion	noun	A promoção
prompt	verb	pedir
pronounce	verb	pronunciar
proof	noun	a prova
propaganda	noun	a propaganda
proper	adj	corrigir
properly	adv	devidamente
property	noun	a propriedade
proportion	noun	a proporção
proposal	noun	a proposta
propose	verb	propor
proposed	adj	proposto
proposition	noun	a proposição
prosecute	verb	processar
prosecution	noun	a acusação
prospect	noun	o prospecto

prospective	adj	perspectiva
prosperity	noun	a prosperidade
protect	verb	proteger
protection	noun	a proteção
protective	adj	protetora
protein	noun	a proteína
protest	noun	o protesto
protest	verb	protestar
protestant	adj	protestante
protocol	noun	o protocolo
proud	adj	orgulhoso
prove	verb	provar
provide	verb	fornecer
provider	noun	o provedor
province	noun	a província
provincial	adj	provincial
provision	noun	a provisão
provoke	verb	provocar
psychiatric	adj	psiquiátrico
psychological	adj	psicológico
psychologist	noun	o psicólogo
psychology	noun	A psicologia
pub	noun	o pub
public	noun	o público
public	adj	o público
publication	noun	a publicação
publicity	noun	a publicidade
publicly	adv	publicamente
publish	verb	publicar
publisher	noun	O editor
publishing	noun	a publicação
pudding	noun	o pudim
pull	verb	puxar
pulse	noun	o pulso
pump	noun	a bomba
punch	noun	o ponche
punish	verb	punir

punishment	noun	a punição
pupil	noun	o pupílo
purchase	noun	a compra
purchase	verb	comprar
purchaser	noun	o comprador
pure	adj	limpar \ limpo
purely	adv	puramente
purple	adj	roxa
purpose	noun	o objetivo
pursue	verb	perseguir
pursuit	noun	a perseguição
push	verb	para impulsionar
put	verb	colocar
puzzled	adj	intrigado
pylorus	noun	o pilo
qualification	noun	a qualificação
qualified	adj	especializado
qualify	verb	qualificar
quality	noun	a qualidade
quantity	noun	a quantidade
quarry	noun	a pedreira
quarter	noun	o trimestre
queen	noun	a rainha
query	noun	a consulta
question	noun	a questão
question	verb	questionar
questionnaire	noun	o questionário
queue	noun	a fila
quick	adj	velozes
quickly	adv	rapidamente
quid	noun	o quid
quiet	adj	quieto
quietly	adv	quieto
quit	verb	para sair
quite	adv	bonita
quota	noun	a quota
quotation	noun	a citação

quote	verb	citar
rabbit	noun	o Coelho
race	noun	a corrida
race	verb	correr
racial	adj	racial
racism	noun	o racismo
radiation	noun	a radiação
radical	adj	radical
radio	noun	o rádio
rage	noun	a raiva
raid	noun	o ataque
rail	noun	o trilho
railway	noun	o caminho de ferro
rain	noun	a chuva
rain	verb	chover
rainbow	noun	o arco-íris
raise	verb	criar
rally	noun	a manifestação
ram	noun	o carneiro
random	adj	aleatória
range	noun	o alcance
range	verb	para variar
ranger	noun	o ranger
rank	noun	a classificação
rape	noun	o estupro
rapid	adj	velozes
rapidly	adv	rapidamente
rare	adj	raro
rarely	adv	raramente
rat	noun	o rato
rate	noun	a taxa
rate	verb	avaliar
rather	adv	em vez
rating	noun	a classificação
ratio	noun	a proporção
rational	adj	racional
raw	adj	cru

reach	noun	o alcance
reach	verb	alcançar
react	verb	reagir
reaction	noun	a reação
reactor	noun	o reator
read	verb	ler
reader	noun	o leitor
readily	adv	fácil
reading	noun	a leitura
ready	adj	pronto
real	adj	real
realise	verb	perceber
realistic	adj	realista
reality	noun	a realidade
realize	verb	realizar
really	adv	realmente
realm	noun	o reino
rear	noun	a traseira
rear	adj	traseiro
reason	noun	o motivo
reasonable	adj	razoável
reasonably	adv	razoavelmente
reasoning	noun	o raciocínio
reassure	verb	assegurar
rebel	noun	o rebelde
rebellion	noun	a rebelião
rebuild	verb	reconstruir
recall	verb	recolher
receipt	noun	o recibo
receive	verb	receber
receiver	noun	o receptor
recent	adj	recente
recently	adv	recentemente
reception	noun	a recepção
recession	noun	A recessão
recipe	noun	a receita
recipient	noun	o destinatário

reckon	verb	contar
recognise	verb	reconhecer
recognition	noun	o reconhecimento
recognize	verb	reconhecer
recommend	verb	recomendar
recommendation	noun	a recomendação
reconstruction	noun	a reconstrução
record	noun	o recorde
record	verb	gravar
recorder	noun	o gravador
recording	noun	a gravação
recover	verb	recuperar
recovery	noun	a recuperação
recruit	verb	recrutar
recruitment	noun	o recrutamento
red	noun	o vermelho
red	adj	vermelho
reduce	verb	reduzir
reduced	adj	reduzido
reduction	noun	a redução
redundancy	noun	a redundância
redundant	adj	excesso
ref	noun	o juiz
refer	verb	Referir
referee	noun	o árbitro
reference	noun	A referência
referendum	noun	o referendo
referral	noun	a referência
reflect	verb	refletir
reflection	noun	a reflexão
reform	noun	a reforma
refuge	noun	o refúgio
refugee	noun	o refugiado
refusal	noun	a recusa
refuse	verb	recusar
regain	verb	recuperar
regard	noun	o respeito

regard	verb	considerar
regardless	adv	apesar de
regime	noun	o regime
regiment	noun	o regimento
region	noun	a região
regional	adj	regional
register	noun	o registro
register	verb	registrar
registered	adj	registrado
registration	noun	o registro
regret	verb	lamentar
regular	adj	regular
regularly	adv	regularmente
regulate	verb	regular
regulation	noun	o regulamento
regulatory	adj	regulador
rehearsal	noun	o ensaio
reign	noun	o reinado
reinforce	verb	reforçar
reject	verb	rejeitar
rejection	noun	a rejeição
relate	verb	relatar
related	adj	relacionado
relation	noun	a relação
relationship	noun	o relacionamento
relative	noun	o relativo
relative	adj	relativo
relatively	adv	a respeito de
relax	verb	relaxar
relaxation	noun	o relaxamento
relaxed	adj	relaxado
release	noun	o lançamento
release	verb	liberar
relevance	noun	a relevância
relevant	adj	relevante
reliable	adj	confiável
relief	noun	o alívio

relieve	verb	aliviar
relieved	adj	liberado
religion	noun	a religião
religious	adj	religioso
reluctance	noun	a relutância
reluctant	adj	relutante
rely	verb	confiar
remain	verb	permanecer
remainder	noun	o restante
remaining	adj	remanescente
remains	noun	os restos
remark	noun	a observação
remark	verb	observar
remarkable	adj	ótimo
remarkably	adv	ótimo
remedy	noun	o remédio
remember	verb	lembrar
remind	verb	para lembrar
reminder	noun	o lembrete
remote	adj	controlo remoto
removal	noun	a remoção
remove	verb	remover
renaissance	noun	o renascimento
render	verb	renderizar
renew	verb	para renovar
renewal	noun	a renovação
renewed	adj	Atualizada
rent	noun	o aluguel
rent	verb	alugar
repair	noun	o reparo
repair	verb	reparar
repay	verb	reembolsar
repayment	noun	o reembolso
repeat	verb	repetir
repeatedly	adv	repetidamente
repetition	noun	a repetição
replace	verb	substituir

replacement	noun	a substituição
reply	noun	a resposta
reply	verb	Responder
report	noun	o relatório
report	verb	reportar
reportedly	adv	supostamente
reporter	noun	o repórter
reporting	noun	o relatório
represent	verb	representar
representation	noun	a representação
representative	noun	a representatividade
representative	adj	representante
reproduce	verb	reproduzir
reproduction	noun	a reprodução
republic	noun	a República
republican	noun	o republicano
reputation	noun	a reputação
request	noun	o pedido
request	verb	para solicitar
require	verb	exigir
required	adj	requeridos
requirement	noun	o requerimento
rescue	noun	o resgate
rescue	verb	para resgatar
research	noun	a pesquisa
research	verb	Pesquisar
researcher	noun	o pesquisador
resemble	verb	comparar
resentment	noun	o ressentimento
reservation	noun	a reserva
reserve	noun	a reserva
reserve	verb	reservar
reservoir	noun	o reservatório
residence	noun	a residência
resident	noun	o residente
resident	adj	residente

residential	adj	residencial
residue	noun	o resíduo
resign	verb	resignar
resignation	noun	a demissão
resist	verb	resistir
resistance	noun	a resistência
resolution	noun	a resolução
resolve	verb	resolver
resort	noun	O resort
resource	noun	o recurso
respect	noun	o respeito
respect	verb	respeitar
respectable	adj	respeitável
respective	adj	**apropriado**
respectively	adv	respectivamente
respond	verb	responder
respondent	noun	o entrevistado
response	noun	a resposta
responsibility	noun	a responsabilidade
responsible	adj	responsável
rest	noun	o resto
rest	verb	descansar
restaurant	noun	o restaurante
restoration	noun	a restauração
restore	verb	restaurar
restraint	noun	a restrição
restrict	verb	restringir
restriction	noun	a restrição
result	noun	o resultado
result	verb	resultar
resulting	adj	resultante
resume	verb	retomar
retail	adj	varejo
retailer	noun	o retalhista
retain	verb	reter
retire	verb	aposentar-se
retired	adj	deixou de lado

retirement	noun	a aposentadoria
retreat	noun	o retiro
return	noun	o retorno
return	verb	para retornar
rev	noun	o reverendo
reveal	verb	para revelar
revelation	noun	a revelação
revenge	noun	a vingança
revenue	noun	a receita
reverse	verb	reverter
review	noun	A revisão
review	verb	rever
revise	verb	revisar
revision	noun	a revisão
revival	noun	o renascimento
revive	verb	reviver
revolution	noun	a revolução
revolutionary	adj	revolucionário
reward	noun	a recompensa
reward	verb	para recompensar
rhythm	noun	o ritmo
rib	noun	a costela
ribbon	noun	a fita
rice	noun	o arroz
rich	adj	rico
rid	verb	livrar
ride	noun	o passeio
ride	verb	montar
rider	noun	o piloto
ridge	noun	o cume
ridiculous	adj	engraçado
rifle	noun	a espingarda
right	noun	o certo
right	adj	corrigir
right	adv	corretamente
rightly	adv	corretamente
rigid	adj	Difícil

ring	noun	o anel
ring	verb	tocar
riot	noun	a rebelião
rip	verb	rasgar
rise	noun	o aumento
rise	verb	subir
rising	adj	Aumentar
risk	noun	o risco
risk	verb	arriscar
ritual	noun	o ritual
rival	noun	o rival
rival	adj	rival
River	noun	o Rio
road	noun	a estrada
roar	verb	rugir
rob	verb	para roubar
rock	noun	a rocha
rock	verb	balançar
rod	noun	a haste
role	noun	o papel
roll	noun	o rolo
roll	verb	rolar
rolling	adj	rolando
roman	noun	o romano
roman	adj	romântico
romance	noun	o romance
romantic	adj	romântico
roof	noun	o telhado
room	noun	a sala
root	noun	a raiz
root	verb	enraizar
rope	noun	a corda
rose	noun	a Rosa
rough	adj	grosseiro
roughly	adv	rude
round	noun	a rodada
round	verb	arredondar

round	adj	volta
round	adv	volta
route	noun	o percurso
routine	noun	a rotina
row	noun	a fila
royal	adj	real
rub	verb	esfregar
rubber	adj	borracha
rubbish	noun	o lixo
rude	adj	grosseiro
rug	noun	o tapete
rugby	noun	o rugby
ruin	noun	a ruína
rule	noun	a regra
rule	verb	governar
ruler	noun	a régua
ruling	noun	a decisão
ruling	adj	dominante
rumour	noun	o boato
run	noun	a corrida
run	verb	para correr
runner	noun	o corredor
running	noun	a corrida
running	adj	corrida
rural	adj	campo
rush	noun	a pressa
rush	verb	apressar
russian	noun	o russo
russian	adj	russo
sack	noun	o saco
sack	verb	despedir
sacred	adj	sagrado
sacrifice	noun	o sacrifício
sad	adj	triste
sadly	adv	triste
safe	adj	seguro
safely	adv	em segurança

safety	noun	A segurança
sail	noun	a vela
sail	verb	navegar
sailor	noun	o marinheiro
saint	noun	o Santo
sake	noun	o bem
salad	noun	a salada
salary	noun	o salário
sale	noun	a venda
sales	noun	as vendas
salmon	noun	o salmão
salt	noun	o sal
salvation	noun	a salvação
sample	noun	a amostra
sanction	noun	a sanção
sand	noun	a areia
sandwich	noun	O sanduíche
satellite	noun	o satélite
satisfaction	noun	a satisfação
satisfactory	adj	satisfatório
satisfied	adj	satisfeito
satisfy	verb	satisfazer
sauce	noun	o molho
save	verb	salvar
saving	noun	a poupança
say	verb	dizer
scale	noun	a escala
scan	verb	Digitalizar
scandal	noun	o escândalo
scarcely	adv	mal
scared	adj	funky
scatter	verb	espalhar
scene	noun	a cena
scent	noun	o cheiro
schedule	noun	o horário
schedule	verb	agendar
scheme	noun	o esquema

scholar	noun	o estudioso
scholarship	noun	a bolsa de estudo
school	noun	a escola
science	noun	a ciência
scientific	adj	científico
scientist	noun	O cientista
scope	noun	O escopo
score	noun	a pontuação
score	verb	pontuar
scot	noun	o escocês
scottish	adj	escocês
scrap	noun	a sucata
scratch	verb	arranhar
scream	verb	gritar
screen	noun	a tela
screen	verb	rastrear
screw	verb	parafusar
script	noun	o script
scrutiny	noun	o escrutínio
sculpture	noun	a escultura
Sea	noun	o mar
seal	noun	o selo
seal	verb	selar
search	noun	a pesquisa
search	verb	procurar
season	noun	a Estação
seat	noun	o assento
seat	verb	para sentar
second	noun	o segundo
secondary	adj	secundário
secondly	adv	Em segundo lugar
secret	noun	o segredo
secret	adj	segredo
Secretary	noun	a secretária
section	noun	a seção
sector	noun	o setor
secure	verb	assegurar

secure	adj	seguro
security	noun	a segurança
sediment	noun	o sedimento
see	verb	ver
seed	noun	a semente
seek	verb	buscar
seem	verb	parecer
seemingly	adv	pelo visto
segment	noun	o segmento
seize	verb	apreender
seldom	adv	raramente
select	verb	selecionar
select	adj	selecionado
selected	adj	selecionado
selection	noun	a seleção
selective	adj	seletivo
self	noun	o eu
sell	verb	vender
seller	noun	o vendedor
selling	noun	a venda
semantic	adj	semântico
semi-final	noun	a semi-final
seminar	noun	o seminário
senate	noun	o Senado
send	verb	enviar
senior	adj	Mais velho
sensation	noun	a sensação
sense	noun	o sentido
sense	verb	sentir
sensible	adj	são
sensitive	adj	sensível
sensitivity	noun	a sensibilidade
sentence	noun	A sentença
sentence	verb	sentenciar
sentiment	noun	o sentimento
separate	verb	separar
separate	adj	separado

separately	adv	separado
separation	noun	a separação
sequence	noun	a sequência
sergeant	noun	o sargento
series	noun	as séries
serious	adj	sério
seriously	adv	piadas à parte
serum	noun	o soro
servant	noun	o servente
serve	verb	servir
server	noun	o servidor
service	noun	o serviço
service	verb	servir
session	noun	a sessão
set	noun	o conjunto
set	verb	pôr
setting	noun	a configuração
settle	verb	para resolver
settlement	noun	o acordo
severe	adj	forma grave
severely	adv	Forte
sex	noun	o sexo
sexual	adj	sexual
sexuality	noun	a sexualidade
sexually	adv	sexualmente
shade	noun	a sombra
shadow	noun	a sombra
shaft	noun	o eixo
shake	verb	sacudir
shall	verb	a deve
shallow	adj	pequeno
shame	noun	a vergonha
shape	noun	a forma
shape	verb	moldar
share	noun	a parte
share	verb	compartilhar
shared	adj	comum

shareholder	noun	o acionista
sharp	adj	agudo
sharply	adv	afiado
shed	noun	o barracão
shed	verb	derramar
sheep	noun	as ovelhas
sheer	adj	puro
sheet	noun	a folha
shelf	noun	a prateleira
shell	noun	A concha
shelter	noun	o abrigo
shield	noun	o escudo
shift	noun	o turno
shift	verb	mudar
shilling	noun	o xelim
shine	verb	brilhar
ship	noun	o navio
ship	verb	enviar
shirt	noun	a camisa
shit	noun	a merda
shiver	verb	tremer
shock	noun	O choque
shocked	adj	chocado
shoe	noun	o sapato
shoot	verb	atirar
shooting	noun	o tiroteio
shop	noun	a loja
shop	verb	comprar
shopping	noun	as compras
shore	noun	a costa
short	adj	baixo
shortage	noun	a escassez
shortly	adv	em breve
short-term	adj	temporário
shot	noun	o tiro
should	verb	deveria
shoulder	noun	o ombro

shout	verb	gritar
show	noun	a apresentação
show	verb	mostrar
shower	noun	o banho
shrug	verb	Encolher os ombros
shut	verb	fechar
shy	adj	tímido
sick	adj	doente
sickness	noun	a doença
side	noun	o lado
sigh	noun	o suspiro
sigh	verb	suspirar
sight	noun	a visão
sign	noun	o sinal
sign	verb	assinar
signal	noun	o sinal
signal	verb	sinalizar
signature	noun	a assinatura
significance	noun	o significado
significant	adj	significativo
significantly	adv	substancialmente
silence	noun	o silêncio
silent	adj	silencioso
silently	adv	silenciosamente
silk	noun	a seda
silly	adj	estúpido
silver	noun	a prata
similar	adj	semelhante
similarity	noun	a semelhança
similarly	adv	similarmente
simple	adj	avião
simply	adv	simplesmente
simultaneously	adv	ao mesmo tempo
sin	noun	o pecado
since	adv	porque o
sincerely	adv	Atenciosamente
sing	verb	cantar

singer	noun	o cantor
single	noun	o solteiro
single	adj	sozinho
sink	noun	a pia
sink	verb	afundar
sir	noun	o senhor
sister	noun	a irmã
sit	verb	sentar
site	noun	o site
situate	verb	situar
situation	noun	a situação
size	noun	o tamanho
sketch	noun	o esboço
skill	noun	a habilidade
skilled	adj	hábil
skin	noun	a pele
skirt	noun	a saia
skull	noun	o crânio
sky	noun	o céu
slam	verb	bater
slave	noun	O escravo
sleep	noun	o sono
sleep	verb	dormir
sleeve	noun	a manga
slice	noun	a fatia
slide	noun	o deslize
slide	verb	Deslizar
slight	adj	menor
slightly	adv	Pouco
slim	adj	fino
slip	noun	o deslize
slip	verb	escorregar
slope	noun	a inclinação
slow	verb	abrandar
slow	adj	lento
slowly	adv	lento
small	adj	pouco

smart	adj	inteligente
smash	verb	esmagar
smell	noun	o cheiro
smell	verb	cheirar
smile	noun	o sorriso
smile	verb	sorrir
smoke	noun	a fumaça
smoke	verb	fumar
smoking	noun	o fumar
smooth	verb	suavizar
smooth	adj	suave
snake	noun	a serpente
snap	verb	tirar
snatch	verb	arrebatar
sniff	verb	cheirar
snow	noun	a neve
so	adv	assim
soap	noun	o sabão
so-called	adj	assim chamado
soccer	noun	o futebol
social	adj	Social
socialism	noun	o socialismo
socialist	adj	socialista
socially	adv	socialmente
society	noun	a sociedade
sociology	noun	a sociologia
sock	noun	a meia
sofa	noun	o sofá
soft	adj	suave
softly	adv	suave
software	noun	o software
soil	noun	o solo
solar	adj	solar
soldier	noun	o soldado
sole	adj	sozinho
solely	adv	exclusivamente
solicitor	noun	o advogado

solid	adj	sólido
solidarity	noun	a solidariedade
solo	noun	o solo
solution	noun	a solução
solve	verb	resolver
somehow	adv	de alguma forma
sometimes	adv	as vezes
somewhat	adv	um pouco
somewhere	adv	algum lugar
son	noun	o filho
song	noun	a música
soon	adv	em breve
sooner	adv	cedo
sophisticated	adj	sofisticado
sorry	adj	Com licença
sort	noun	o tipo
sort	verb	ordenar
sort of	adv	gostar
soul	noun	a alma
sound	noun	o som
sound	verb	soar
sound	adj	sonoro
soup	noun	a sopa
source	noun	a fonte
south	noun	o sul
south-east	noun	o sudeste
southern	adj	sulista
sovereignty	noun	a soberania
soviet	noun	o soviético
soviet	adj	Soviético
space	noun	o espaço
spanish	adj	espanhol
spare	verb	poupar
spare	adj	poupar
spatial	adj	espacial
speak	verb	falar
speaker	noun	o orador

special	adj	especial
specialise	verb	se especializar
specialist	noun	o especialista
specially	adv	de propósito
species	noun	as espécies
specific	adj	específico
specifically	adv	especificamente
specification	noun	a especificação
specified	adj	Especificadas
specify	verb	especificar
specimen	noun	o espécime
spectacle	noun	o espetáculo
spectacular	adj	emocionante
spectator	noun	o espectador
spectrum	noun	o espectro
speculation	noun	a especulação
speech	noun	o discurso
speed	noun	a velocidade
speed	verb	Acelerar
spell	noun	o feitiço
spell	verb	soletrar
spelling	noun	a ortografia
spend	verb	gastar
spending	noun	os gastos
sphere	noun	a esfera
spider	noun	a aranha
spill	verb	derramar
spin	verb	girar
spine	noun	a coluna
spirit	noun	o espírito
spiritual	adj	espiritual
spit	verb	cuspir
splendid	adj	ótimo
split	verb	dividir
spoil	verb	estragar
spokesman	noun	o porta-voz
sponsor	noun	o patrocinador

sponsor	verb	patrocinar
sponsorship	noun	o patrocínio
spontaneous	adj	espontâneo
sport	noun	o desporto
sporting	adj	Esportes
spot	noun	o ponto
spot	verb	detectar
spread	noun	a propagação
spread	verb	espalhar
spring	noun	a primavera
spring	verb	saltar
spur	noun	o esporão
squad	noun	o Esquadrão
squadron	noun	o esquadrão
square	noun	o quadrado
square	adj	quadrado
squeeze	verb	espremer
st	noun	o st
stab	verb	esfaquear
stability	noun	a estabilidade
stable	adj	estábulo
stadium	noun	o estádio
staff	noun	os funcionários
stage	noun	o palco
stage	verb	encenar
staircase	noun	a escadaria
stairs	noun	as escadas
stake	noun	a estaca
stall	noun	a barraca
stamp	noun	o selo
stamp	verb	carimbar
stance	noun	a postura
stand	noun	a bancada
stand	verb	ficar de pé
standard	noun	o padrão
standard	adj	padrão
standing	noun	a posição

star	noun	a estrela
stare	verb	Encarar
start	noun	o começo
start	verb	para iniciar
starting	noun	a partida
state	noun	o Estado
state	verb	declarar
statement	noun	a declaração
static	adj	estático
station	noun	a estação
statistical	adj	estatístico
statistics	noun	As estatísticas
statue	noun	a estátua
status	noun	o Estado
statute	noun	o estatuto
statutory	adj	lei
stay	noun	a estadia
stay	verb	ficar
steadily	adv	constantemente
steady	adj	firme
steal	verb	roubar
steam	noun	o vapor
steel	noun	o aço
steep	adj	íngreme
steer	verb	dirigir
stem	noun	o caule
stem	verb	para conter
step	noun	o passo
step	verb	dar um passo
sterling	noun	a libra esterlina
steward	noun	o mordomo
stick	noun	o pau
stick	verb	ficar
stiff	adj	Difícil
still	adj	quieto
still	adv	ainda
stimulate	verb	para estimular

stimulus	noun	o estímulo
stir	verb	mexer
stitch	noun	o ponto
stock	noun	O estoque
stomach	noun	o estômago
stone	noun	a pedra
stool	noun	o banco
stop	noun	a parada
stop	verb	parar
storage	noun	o armazenamento
store	noun	a loja
store	verb	armazenar
storm	noun	a tempestade
story	noun	a história
straight	adj	direto
straight	adv	Direto
straighten	verb	endireitar
straightforward	adj	avião
strain	noun	a tensão
strain	verb	forçar
strand	noun	a vertente
strange	adj	estranho
strangely	adv	esquisito
stranger	noun	o estranho
strategic	adj	estratégico
strategy	noun	A estratégia
straw	noun	a palha
stream	noun	o fluxo
street	noun	a rua
strength	noun	a força
strengthen	verb	fortalecer
stress	noun	o estresse
stress	verb	estressar
stretch	noun	o trecho
stretch	verb	esticar
strict	adj	rigoroso
strictly	adv	estritamente

stride	verb	caminhar
strike	noun	o Strike
strike	verb	atacar
striker	noun	o atacante
striking	adj	surpreendente
string	noun	a corda
strip	noun	a faixa
strip	verb	despir
strive	verb	se empenhar
stroke	noun	o golpe
stroke	verb	acariciar
strong	adj	Forte
strongly	adv	Forte
structural	adj	estrutural
structure	noun	a estrutura
struggle	noun	a luta
struggle	verb	lutar
stuck	adj	preso
student	noun	o estudante
studio	noun	o estúdio
study	noun	o estudo
study	verb	estudar
stuff	noun	O material
stuff	verb	encher
stumble	verb	tropeçar
stupid	adj	estúpido
style	noun	o estilo
subject	noun	o sujeito
subject	verb	sujeitar
subjective	adj	subjetivo
submission	noun	a submissão
submit	verb	submeter
subscription	noun	a subscrição
subsequent	adj	subseqüente
subsequently	adv	mais tarde
subsidiary	noun	a subsidiária
subsidy	noun	o subsídio

substance	noun	a substância
substantial	adj	significativo
substantially	adv	essencialmente
substitute	noun	o substituto
substitute	verb	Para substituir
subtle	adj	fino
suburb	noun	o subúrbio
succeed	verb	ter sucesso
success	noun	o sucesso
successful	adj	bem sucedido
successfully	adv	com sucesso
succession	noun	a sucessão
successive	adj	subseqüente
successor	noun	o sucessor
suck	verb	chupar
sudden	adj	de repente
suddenly	adv	de repente
sue	verb	processar
suffer	verb	sofrer
sufferer	noun	o sofredor
suffering	noun	o sofrimento
sufficient	adj	suficiente
sufficiently	adv	o suficiente
sugar	noun	o açúcar
suggest	verb	sugerir
suggestion	noun	a sugestão
suicide	noun	o suicídio
suit	noun	o terno
suit	verb	adequar
suitable	adj	apropriado
suite	noun	a suíte
sum	noun	a soma
sum	verb	somar
summarise	verb	para resumir
summary	noun	o sumário
summer	noun	O Verão
summit	noun	o cume

summon	verb	para convocar
sun	noun	o sol
sunlight	noun	a luz do sol
sunny	adj	solar
sunshine	noun	o sol
super	adj	superior
superb	adj	excelente
superintendent	noun	o superintendente
superior	adj	superior
supermarket	noun	o supermercado
supervise	verb	supervisionar
supervision	noun	a supervisão
supervisor	noun	o supervisor
supper	noun	a ceia
supplement	noun	o suplemento
supplement	verb	para complementar
supplier	noun	o fornecedor
supply	noun	o fornecimento
supply	verb	suprir
support	noun	o apoio
support	verb	suportar
supporter	noun	o torcedor
supporting	adj	apoiando
suppose	verb	para supor
supposed	adj	suposto
suppress	verb	suprimir
supreme	adj	superior
sure	adj	certo
surely	adv	claro
surface	noun	a superfície
surgeon	noun	o cirurgião
surgery	noun	a cirurgia
surplus	noun	o excedente
surprise	noun	a surpresa
surprise	verb	para surpreender
surprised	adj	são surpreendidos
surprising	adj	**surpreendente**

surprisingly	adv	surpreendentemente
surrender	verb	render-se
surround	verb	cercar
surrounding	adj	em torno da
surroundings	noun	o ambiente
survey	noun	a pesquisa
survey	verb	pesquisar
surveyor	noun	o inspetor
survival	noun	a sobrevivência
survive	verb	para sobreviver
surviving	adj	sobrevivente
survivor	noun	o sobrevivente
suspect	noun	o suspeito
suspect	verb	suspeitar
suspend	verb	suspender
suspension	noun	A suspensão
suspicion	noun	a suspeita
suspicious	adj	suspeito
sustain	verb	sustentar
swallow	verb	engolir
swear	verb	Jurar
sweat	noun	o suor
sweep	verb	varrer
sweet	adj	doce
swell	verb	inchar
swiftly	adv	rapidamente
swim	verb	nadar
swimming	noun	a natação
swing	noun	o balanço
swing	verb	balançar
swiss	adj	suíço
switch	noun	o interruptor
switch	verb	mudar
sword	noun	a espada
symbol	noun	o símbolo
symbolic	adj	simbólico

sympathetic	adj	bonita
sympathy	noun	a simpatia
symptom	noun	o sintoma
syndrome	noun	a síndrome
synthesis	noun	a síntese
system	noun	o sistema
systematic	adj	sistemático
table	noun	a mesa
tablet	noun	o tablet
tackle	verb	enfrentar
tactic	noun	a tática
tail	noun	a calda
take	verb	pegar
takeover	noun	A aquisição
tale	noun	a história
talent	noun	o talento
talk	noun	a conversa
talk	verb	falar
tall	adj	alta
tank	noun	o tanque
tap	noun	a torneira
tap	verb	tocar
tape	noun	a fita
target	noun	o alvo
target	verb	marcar
tariff	noun	a tarifa
task	noun	a tarefa
taste	noun	o gosto
taste	verb	provar
tax	noun	A taxa
tax	verb	taxar
taxation	noun	a tributação
taxi	noun	o táxi
taxpayer	noun	o contribuinte
tea	noun	o chá
teach	verb	ensinar
teacher	noun	a professora

teaching	noun	o ensinamento
team	noun	O time
tear	noun	a lágrima
tear	verb	rasgar
technical	adj	técnico
technically	adv	tecnicamente
technique	noun	a tecnica
technological	adj	tecnológica
technology	noun	a tecnologia
teenage	adj	Adolescência
teenager	noun	o adolescente
tel	noun	o tel
telecommunication	noun	a telecomunicação
telegraph	noun	o telégrafo
telephone	noun	o telefone
telephone	verb	telefonar
television	noun	a televisão
tell	verb	contar
temper	noun	o temperamento
temperature	noun	a temperatura
temple	noun	o templo
temporarily	adv	temporariamente
temporary	adj	temporário
tempt	verb	tentar
temptation	noun	a tentação
tenant	noun	o inquilino
tend	verb	tender
tendency	noun	a tendência
tender	adj	☐ Gentil
tennis	noun	O tênis
tension	noun	a tensão
tent	noun	a tenda
term	noun	o termo
term	verb	termo
terminal	noun	o terminal
terminate	verb	terminar
terrace	noun	o terraço

terrible	adj	Terrível
terribly	adv	horrível
territorial	adj	territorial
territory	noun	o território
terror	noun	o terror
terrorist	noun	O terrorista
test	noun	o teste
test	verb	testar
testament	noun	o testamento
testing	noun	o teste
text	noun	o texto
textile	noun	o têxtil
texture	noun	a textura
thank	verb	agradecer
thanks	noun	os agradecimentos
that	adv	qual o
that is	adv	isto
theatre	noun	o teatro
theft	noun	o roubo
theme	noun	o tema
then	adj	então
then	adv	então
theology	noun	a teologia
theoretical	adj	teórico
theory	noun	a teoria
therapy	noun	a terapia
there	adv	há
thereafter	adv	Depois disso
thereby	adv	assim
therefore	adv	conseqüentemente
thesis	noun	A tese
thick	adj	Grosso
thief	noun	o ladrão
thigh	noun	a coxa
thin	adj	fino
thing	noun	a coisa
think	verb	pensar

thinking	noun	o pensamento
thorough	adj	meticuloso
thoroughly	adv	cuidadosamente
though	adv	Apesar
thought	noun	o pensamento
thousand	noun	os mil
thread	noun	o fio
threat	noun	a ameaça
threaten	verb	ameaçar
threshold	noun	o limiar
throat	noun	a garganta
throne	noun	o trono
through	adv	através
throw	verb	arremessar
thrust	verb	empurrar
thumb	noun	o polegar
thus	adv	nesse caminho
ticket	noun	o bilhete
tide	noun	a maré
tie	noun	a gravata
tie	verb	amarrar
tiger	noun	o tigre
tight	adj	rotativo
tight	adv	justa
tighten	verb	apertar
tightly	adv	justa
tile	noun	o azulejo
timber	noun	a madeira
time	noun	A Hora
time	verb	tempo
timetable	noun	o calendário
timing	noun	a temporização
tin	noun	a lata
tiny	adj	muito pequeno
tip	noun	a ponta
tip	verb	Dar gorjeta
tired	adj	cansado

tissue	noun	o tecido
title	noun	o título
toast	noun	o brinde
tobacco	noun	o tabaco
today	adv	Hoje
toe	noun	o dedo do pé
together	adv	juntos
toilet	noun	o banheiro
tolerate	verb	tolerar
tomato	noun	o tomate
tomorrow	adv	amanhã
ton	noun	a tonelada
tone	noun	o tom
tongue	noun	a língua
tonight	adv	esta noite
tonne	noun	a tonelada
too	adv	Além disso
tool	noun	a ferramenta
tooth	noun	o dente
top	noun	o topo
top	verb	para cima
top	adj	superior
topic	noun	o tópico
torch	noun	a tocha
tory	noun	o tory
tory	adj	tori
toss	verb	atirar
total	noun	o total
total	verb	totalizar
total	adj	comum
totally	adv	completamente
touch	noun	o toque
touch	verb	tocar
tough	adj	Difícil
tour	noun	o passeio
tour	verb	fazer um tour
tourism	noun	O turismo

tourist	noun	o turista
tournament	noun	o torneio
towel	noun	a toalha
tower	noun	a torre
town	noun	a cidade
toxic	adj	tóxico
toy	noun	o brinquedo
trace	noun	o traço
trace	verb	rastrear
track	noun	a pista
trade	noun	o comércio
trade	verb	negociar
trader	noun	o comerciante
trading	noun	a negociação
tradition	noun	A tradição
traditional	adj	tradicional
traditionally	adv	tradicionalmente
traffic	noun	o transito
tragedy	noun	a tragédia
tragic	adj	trágico
trail	noun	a trilha
trail	verb	seguir
train	noun	o trem
train	verb	treinar
trainee	noun	o estagiário
trainer	noun	o treinador
training	noun	o treinamento
transaction	noun	a transação
transfer	noun	a transferência
transfer	verb	transferir
transform	verb	transformar
transformation	noun	a transformação
transition	noun	a transição
translate	verb	para traduzir
translation	noun	a tradução
transmission	noun	a transmissão
transmit	verb	transmitir

transport	noun	o transporte
transport	verb	para transportar
trap	noun	a Armadilha
trap	verb	prender
travel	noun	a viagem
travel	verb	viajar
traveller	noun	o viajante
tray	noun	a bandeja
treasure	noun	o Tesouro
treasury	noun	o Tesouro
treat	verb	tratar
treatment	noun	o tratamento
treaty	noun	o Tratado
tree	noun	a árvore
tremble	verb	tremer
tremendous	adj	imenso
trend	noun	a tendência
trial	noun	o julgamento
triangle	noun	o triângulo
tribe	noun	a tribo
tribunal	noun	o tribunal
tribute	noun	o tributo
trick	noun	o truque
trigger	verb	acionar
trip	noun	a viagem
triumph	noun	o triunfo
troop	noun	a tropa
trophy	noun	o troféu
tropical	adj	tropical
trouble	noun	o problema
trouble	verb	incomodar
trousers	noun	As Calças
truck	noun	o camião
true	adj	sincero
truly	adv	realmente
trunk	noun	o tronco
trust	noun	a confiança

trust	verb	confiar
trustee	noun	o administrador
truth	noun	a verdade
try	noun	a tentativa
try	verb	tentar
t-shirt	noun	a t-shirt
tube	noun	o tubo
tuck	verb	dobrar
tumour	noun	o tumor
tune	noun	a melodia
tunnel	noun	o tunel
turkish	adj	turco
turn	noun	a vez
turn	verb	virar
turnover	noun	a rotatividade
tutor	noun	o tutor
tv	noun	a TV
twice	adv	duas vezes
twin	noun	o gêmeo
twist	verb	torcer
type	noun	o tipo
type	verb	digitar
typical	adj	típica
typically	adv	tipicamente
tyre	noun	o pneu
ugly	adj	feio
ulcer	noun	a úlcera
ultimate	adj	final
ultimately	adv	No final
unable	adj	incapaz
unacceptable	adj	inaceitável
unaware	adj	desconhecido
uncertain	adj	incerto
uncertainty	noun	A incerteza
unchanged	adj	inalterado
uncle	noun	o tio
uncomfortable	adj	inconveniente

unconscious	adj	inconsciente
under	adv	debaixo
undergo	verb	se submeter
underground	adj	subterrâneo
underline	verb	sublinhar
underlying	adj	subjacente
undermine	verb	minar
understand	verb	para entender
understanding	noun	o entendimento
undertake	verb	para empreender
undertaking	noun	a empresa
undoubtedly	adv	sem dúvida
unemployed	adj	desempregado
unemployment	noun	o desemprego
unexpected	adj	inesperado
unfair	adj	sem escrúpulos
unfortunate	adj	infeliz
unfortunately	adv	Infelizmente
unhappy	adj	infeliz
uniform	noun	o uniforme
uniform	adj	uniforme
union	noun	a União
unionist	noun	o sindicalista
unique	adj	único
unit	noun	a unidade
unite	verb	para unir
united	adj	solteiro
unity	noun	a unidade
universal	adj	universal
universe	noun	o universo
university	noun	a Universidade
unix	noun	o unix
unknown	adj	desconhecido
unlikely	adj	improvável
unnecessary	adj	desnecessário
unpleasant	adj	desagradável
unusual	adj	incomum

unusually	adv	incomum
unwilling	adj	sem vontade
up	adv	acima
up to	adv	até
update	verb	atualizar
upper	adj	superior
upset	verb	chatear
upset	adj	desapontado
upstairs	adv	andar de cima
upwards	adv	baixo cima
urban	adj	urbano
urge	verb	incitar
urgent	adj	urgente
usage	noun	o uso
use	noun	o uso
use	verb	usar
used	verb	usado
used	adj	usava
useful	adj	útil
useless	adj	sem utilidade
user	noun	o usuário
usual	adj	habitual
usually	adv	usualmente
utility	noun	a utilidade
utterance	noun	a expressão
utterly	adv	até o fim
vague	adj	vago
valid	adj	válido
validity	noun	a validade
valley	noun	o Vale
valuable	adj	valioso
valuation	noun	a avaliação
value	noun	O valor que
value	verb	dar valor
valve	noun	a válvula
van	noun	a van
vanish	verb	desaparecer

variable	noun	a variável
variable	adj	variável
variant	noun	a variante
variation	noun	a variação
varied	adj	diverso
variety	noun	a variedade
various	adj	diferente
vary	verb	variar
varying	adj	diferente
vast	adj	imenso
vat	noun	o tanque
vegetable	noun	o vegetal
vegetation	noun	a vegetação
vehicle	noun	o veículo
vein	noun	a veia
velocity	noun	a velocidade
vendor	noun	O vendedor
venture	noun	o empreendimento
venture	verb	aventurar
venue	noun	o local
verb	noun	o verbo
verbal	adj	verbal
verdict	noun	o veredito
verse	noun	o verso
version	noun	a versão
vertical	adj	vertical
very	adj	a maioria
very	adv	altamente
vessel	noun	O navio
Vice-President	noun	o Vice-Presidente
victim	noun	a vítima
victorian	adj	Vitoriano
victory	noun	a vitória
video	noun	o vídeo
video-taped	adj	filmado
view	noun	a vista
view	verb	ver

viewer	noun	o espectador
viewpoint	noun	o ponto de vista
villa	noun	a villa
village	noun	a Vila
violence	noun	a violência
violent	adj	violento
virgin	noun	a virgem
virtually	adv	na realidade
virtue	noun	a virtude
virus	noun	o vírus
visible	adj	visível
vision	noun	a visão
visit	noun	a visita
visit	verb	visitar
visiting	adj	Visita
visitor	noun	o visitante
visual	adj	visual
vital	adj	importante
vitamin	noun	a vitamina
vivid	adj	brilhante
vocabulary	noun	o vocabulário
vocational	adj	professoral
voice	noun	a voz
voice	verb	para expressar
vol	noun	o vol
voltage	noun	a voltagem
volume	noun	o volume
voluntary	adj	voluntário
volunteer	noun	o voluntário
vote	noun	o voto
vote	verb	votar
voter	noun	o eleitor
voting	noun	a votação
vulnerable	adj	vulnerável
wage	noun	o salário
waist	noun	a cintura
wait	verb	esperar

waiter	noun	o garçom
waiting	noun	a espera
wake	noun	o velório
wake	verb	acordar
walk	noun	a caminhada
walk	verb	andar
walking	noun	o caminhante
wall	noun	a parede
wander	verb	vagar
want	verb	querer
war	noun	a guerra
ward	noun	a enfermaria
wardrobe	noun	o guarda-roupa
warehouse	noun	o armazém
warm	verb	aquecer
warm	adj	caloroso
warmth	noun	o calor
warn	verb	avisar
warning	noun	O aviso
warrant	noun	o mandado
warrior	noun	o guerreiro
wartime	noun	a guerra em tempo de guerra
wash	verb	para lavar
washing	noun	a lavagem
waste	noun	o desperdício
waste	verb	desperdiçar
watch	noun	o relógio
watch	verb	assistir
water	noun	a água
wave	noun	a onda
wave	verb	acenar
way	noun	o caminho
weak	adj	fraco
weaken	verb	enfraquecer
weakness	noun	a fraqueza
wealth	noun	a riqueza

wealthy	adj	rico
weapon	noun	a arma
wear	verb	vestir
weather	noun	o clima
weave	verb	tecer
wedding	noun	o casamento
wee	adj	muito pequeno
week	noun	a semana
weekend	noun	O fim de semana
weekly	adj	semanal
weep	verb	chorar
weigh	verb	pesar
weight	noun	O peso
weird	adj	estranho
welcome	noun	as boas-vindas
welcome	verb	dar as boas vindas
welcome	adj	Bem-vinda
welfare	noun	o bem-estar
well	noun	o poço
well	adj	Boa
well	adv	Está bem
well-known	adj	famoso
welsh	adj	galês
west	noun	o Oeste
western	adj	oeste
wet	adj	molhado
whale	noun	a baleia
wheat	noun	o trigo
wheel	noun	a roda
when	adv	quando
whenever	adv	sempre que
where	adv	Onde
whereby	adv	Através do qual
wherever	adv	onde
while	noun	o tempo
whisky	noun	o uísque
whisper	verb	sussurar

white	noun	o branco
white	adj	branco
whole	noun	o todo
whole	adj	todo
wholly	adv	completamente
why	adv	porque
wicked	adj	mal
wicket	noun	o postigo
wide	adj	Largo
widely	adv	Largo
widen	verb	ampliar
widespread	adj	comum
widow	noun	a viúva
width	noun	a largura
wife	noun	a esposa
wild	adj	selvagem
wildlife	noun	a vida selvagem
will	noun	a vontade
will	verb	ter vontade
willing	adj	pronto
willingness	noun	a vontade
win	noun	a vitória
win	verb	ganhar
wind	noun	o vento
wind	verb	enrolar
window	noun	a janela
wine	noun	o vinho
wing	noun	a asa
winner	noun	o vencedor
winter	noun	o inverno
wipe	verb	para limpar
wire	noun	o fio
wisdom	noun	a sabedoria
wise	adj	sensato
wish	noun	o desejo
wish	verb	desejar
wit	noun	a sagacidade

withdraw	verb	sacar
withdrawal	noun	a retirada
within	adv	dentro
witness	noun	a testemunha
witness	verb	testemunhar
wolf	noun	o lobo
woman	noun	a mulher
wonder	noun	a maravilha
wonder	verb	imaginar
wonderful	adj	ótimo
wood	noun	a Madeira
wooden	adj	madeira
woodland	noun	a floresta
wool	noun	a lã
word	noun	a palavra
work	noun	o trabalho
work	verb	trabalhar
worker	noun	O trabalhador
workforce	noun	a força de trabalho
working	noun	o trabalho
working	adj	no trabalho
working-class	adj	trabalhando
works	noun	os trabalhos
workshop	noun	a oficina
workstation	noun	a estação de trabalho
world	noun	o mundo
worldwide	adj	mundo
worldwide	adv	Mundo
worm	noun	o verme
worried	adj	animado
worry	noun	a preocupação
worry	verb	se preocupar
worrying	adj	sem descanso
worship	noun	o culto
worth	noun	o valor
worthwhile	adj	valioso

worthy	adj	digno
would	verb	para
wound	noun	a ferida
wound	verb	ferir
wrap	verb	embrulhar
wrist	noun	o pulso
write	verb	escrever
writer	noun	o escritor
writing	noun	a escrita
written	adj	escrito
wrong	adj	errado
yacht	noun	o iate
yard	noun	o Jardim
yarn	noun	o fio
year	noun	o ano
yell	verb	Gritar
yellow	adj	amarelo
yesterday	adv	ontem
yet	adv	ainda
yield	noun	o rendimento
yield	verb	ceder
young	adj	jovem
youngster	noun	o jovem
youth	noun	a juventude
zone	noun	a zona

Made in United States
Orlando, FL
03 April 2025